2015~2017년 함께 읽고 토론한

홍천여고 걸스데이&여자친구들에게

함께 읽고 토론한 홍천여고 3년의 기록

독서동아리 100개면 학교가 바뀐다

서현숙, 허보영 지음

학교도서관저널

프롤로그

우리, 같이 읽을래?

홍천여고 재직 시절, 문학 수업 시간에 2학년 7반 학생들에게 물었다.

"얘들아, 혼자 책 읽고 개인적인 독서 기록을 남기는 것과 함께 읽고 독서토론 하는 것 중에 뭐가 더 좋아?"

이 아이들은 1년 반 동안, 수업 시간, 독서동아리, 독서 프로그램 등에서 '함께 읽기'와 독서토론을 지속적으로 해 왔다.

"함께 읽는 거요."

"함께 읽고 독서토론 하면 혼자 읽는 것보다 어떤 점이 좋아?"

"기억에 더 오래 남아요" "혼자 읽을 땐 생각지 못했던 걸 생각하게 돼요" "독서토론 모임에 가야 해서 더 열심히 읽어요" "똑똑해지는 기분이 들어요" "함께 읽으면 즐거워요" "친구들과 친해져요"

아이들이 동시다발적으로 외치는 말을 수첩에 받아 적었는데,

그중에서 유독 두 가지 답변이 흥미로웠다. '함께 읽으면 즐거워요' '함께 읽으면 친구들과 친해져요'

우리를 포함해 대부분의 교사들은 독서토론을 지도할 때 주로 지적인 성장을 염두에 두고 시작한다. 독서토론을 통해 아이들의 독해력이 향상되고, 생각하는 힘과 표현력이 길러지길 기대한다. 그런데 독서토론 수업, 독서동아리 활동, 학교 독서 프로그램을 연계해 1년 동안 전면적인 독서토론 교육을 실행했더니 아이들은 독서토론을 "사랑받는 가장 완벽한 대화" "체육활동 없이 우정을 기르는 방법" "친구를 이어주는 끈"이라고 표현했다.

1년 동안 함께 읽기를 경험한 아이들은 지적인 성장보다는 정서적 안정감을 느끼고, 교우관계가 친밀해졌다는 이야기를 더 많이 했다. 함께 책 읽고 대화하는 과정에서 서로의 마음과 생각에 공감하고 지지하면서 사랑받고 인정받는 느낌을 받았다고 이야기했다. 책대화 하는 시간이 학교 생활 중 유일하게 친구들과 진지한 얘기를 나누는 시간이며, 그래서 함께 읽고 독서토론 하는 것이 정말 즐겁다고 하는 아이들도 있었다.

이 아이들이 처음부터 함께 읽기를 좋아한 건 아니었다. 갓 입학했을 때만 해도 국어 시간에 독서토론 하자고 했더니 '말을 잘 못 한다' '나중에 싸우게 돼서 싫다' '혼자 읽는 게 더 좋다' '말 잘하는 친구들이나 하는 거 아니냐' 등의 이유를 들며 요리조리 피하려 했다. 그런데 1년이 지난 후 학생들 대부분이 함께 읽기가 더 좋다고 한다. 1년 동안 과연 무슨 일이 있었던 걸까?

아이들이 독서토론을 사랑한 이유

우리는 아이들이 학교에서 함께 책 읽고 토론하며, 글 쓰는 과정에서 성장하길 바라며 독서토론 교육을 해 나가기로 마음먹었다. 우리가 지난 3년 동안 홍천여고의 독서토론 교육을 진행하면서 나름대로 지켜온 원칙이 있었다.

첫째, 비경쟁 독서토론. 우리는 디베이트 성격의 독서토론은 하지 않았다. 오직 비경쟁 독서토론만 했다. 독서토론은 자신의 독서를 더 풍부하게 하기 위한 활동이기 때문에 다른 사람을 비판할 이유도, 내 의견을 다른 사람에게 관철시킬 이유도 없다. 비경쟁 독서토론은 정답 없는 솔직한 말하기였고, 평가받지 않는 말하기였다. 아이들은 이길 필요 없는 자유로운 토론 분위기 안에서 진솔한 대화를 나누고 서로 응원하며 지지할 수 있었다. 내 의견을 존중받으니 자연히 타인의 의견을 존중하게 되는 것이다.

둘째, 삶과 세상에 질문 던지기. 비경쟁 독서토론에는 현란한 기술이 없다. 오로지 읽은 책에 대해서 내가 토론하고 싶은 질문 만들기만 있다. 한 가지 방법만 있는데도 질리지 않는다. 하면 할수록 더 재밌고, 심화된 읽기로 나아가게 된다.

책을 읽은 후 자신과 세상에 문제를 제기하고 질문하는 연습을 지속적으로 해야 한다. 이것은 사고의 틀을 스스로 만드는 주체적이고, 혁명적인 공부이다. 누군가가 만든 문제를 이용해 생각하고 토론하는 것은 의미가 없다는 말이 아니다. 그렇지만 스스로 질문을 만들어서 토론하는 공부는 수동적인 사고의 틀에서 벗어나 주체적인 인간으로 살아가는 연습이다. 비경쟁 독서토론의 질문 만들기를 몇 번 경험한 학생은 이렇게 말했다.

"중학교 때 경험했던 토론은 찬반토론 형식이 대부분이어서 상대방의 입론을 들으며 논리적으로 맞지 않거나 부족한 부분을 찾아 꼬리에 꼬리를 물면서 경쟁하는 기분이었습니다. 하지만 비경쟁 독서토론은 내 생각을 자유롭게 펼치고 경쟁하지 않는다는 점에서, 또 서로가 하나의 질문을 만들기 위해 '협력'한다는 점에서 재미있습니다."

셋째, 누구나 즐기는 것. 아직도 많은 학교에서 독서토론은 일부 학생들만 참여하는 활동이거나 '해야 해서 하는' 활동에 그치는 경우가 많다. 영화를 보고 삼삼오오 모여서 대화를 나누는 것은 누구나 할 수 있지 않은가. 우리는 책도 이와 마찬가지라고 생각한다. 독서토론은 책을 읽고 옹기종기 모여서 누구나 나눌 수 있는 대화, 한번 맛보면 누구나 그 즐거움을 알게 되는 매력적인 유희이다. 그래서 일부 학생들만 배워서는 안 되며, 모든 학생이 그 방법과 즐거움을 배워야 한다. 우리는 전교생에게 독서토론 방법을 가르쳤고, 최대한 많은 학생이 와서 놀 수 있는 독서토론의 놀이판을 여러 개 만들었다.

넷째, 독서토론에 대한 엄숙주의 버리기. 성인이고 학생이고 독서와 토론을 너무 무겁게 생각하는 경향이 있다. 많은 학생이 독서토론은 진지한 얼굴로 참여해야 하고, 날카로운 질문과 생각을 말해야 하는 자리라고 생각한다. 독서토론 방법을 배우는 시간도 있지만, 독서토론으로 파티를 열거나 친구와 노는 시간도 필요하며, 좋아하는 선생님과 독서토론으로 추억을 만들 수도 있다는 게 우리의 생각이다. 그러다 보면 자연스럽게 독서토론 할 때는 엄숙해야 한다는 고정관념을 벗게 된다. 배움과 놀이가 한 지점에서 만나는 것을 목격하게 된다.

이러한 생각이 바탕에 깔려 있었기 때문에 학생들이 "독서토론은 재미있다"라고 말할 수 있게 된 것이다. 우리는 이와 같은 원칙을 바탕으로 학교 전체의 독서토론 교육을 세 바퀴(세 가지 체계)로 나눴다.

독서토론 교육의 세 바퀴

세 바퀴라고 하니 뭔가 체계적으로 독서교육을 진행한 것처럼 들릴 수 있는데, 사실 우리는 정신없이 이것저것 했다. 둘 다 계획적이고 주도면밀하기보다는 기분에 따라 움직이는 즉흥적인 성향이 강했다. 그런데 학교에 두어 번쯤 오셨던 독서교육 전문가 김은하 선생님이 우리의 산만한 활동을 세 바퀴로 정리해서 말씀해 주셨고, 그것을 듣는 순간 머리에 형광등이 반짝 켜졌다. "아, 이렇게 세 개의 범주로 나누어질 수 있는 활동이구나!"

첫 번째 바퀴는 '수업시간에 배우다'이다. 학생들은 모두 수업시간에 독서토론을 배웠다. 국어 교과를 이용해서 주 1회 독서토

수업시간에 배우다

* 전 학년 전교생 참가
- 한 권 읽고 독서토론
- 주제 통합 독서토론
- 인생(진로) 독서토론

친구들과 놀다

- 자율 독서동아리
- 독서토론카페
- 지역 연합 독서토론파티
- 낭독이 있는 저녁
- 휴먼 라이브러리
- 함께 읽기 사진 공모전
- 함께 읽기 UCC 공모전

선생님과 언니가 끌어주다

* 선생님과 언니가 멘토
- 계절별 5人의 책친구
  (사제동행 독서토론)
- 독서토론리더 과정
  언니들의 북토크
  언니의 독서토론 워크숍

론 수업을 했다. 1학년은 한 학기에 한 권 읽기로 시작하면서 독서토론 하는 것을 배우고, 학년이 올라가면서 하나의 주제에 영화 한 편과 도서 2종이 세트로 묶인 주제 통합 독서토론을, 더 올라가면 자기 인생의 길을 찾는 인생 독서토론을 배운다. 전교생이 모두 수업 시간에 책을 함께 읽은 후 어떻게 감상을 나누고 토론 주제를 정하며, 토론한 내용을 어떻게 정리하는지 익히는 것이다.

두 번째 바퀴는 '선생님과 언니가 끌어주다'이다. 학교의 좋은 점은 선배와 후배, 선생님과 학생이 있는 것이다. 때로는 언니들이, 때로는 선생님이 멘토가 되어 독서토론을 끌어준다. 언니들이 학기 초에 '언니들의 북토크'로 후배들을 책 읽기의 세계로 유혹한다. '언니의 독서토론 워크숍'에서는 동생들을 함께 읽기의 신세계로 끌어들인다. 선생님들은 계절마다 펼쳐지는 '5人의 책친구'에서 학생들과 팀을 이루어서 특별한 추억을 만든다.

세 번째 바퀴는 '친구들과 놀다'이다. 독서토론 수업에서 익힌 기본기가 학교의 모든 독서 활동에 활용되는 단계로, 함께 읽으며 놀 수 있는 다양한 '무대'가 마련된다. 아이들은 친구들과 독서동아리에서 책대화를 하고 우정을 쌓으면서 논다. 또 인문학 독서토론카페에 한껏 멋을 내고 가서 친구와 독서토론을 하며 논다. 지역 친구들과 독서토론파티에서 만나 진지하고도 흥겨운 독서토론을 한다.

이렇게 세 바퀴를 갖추면 학생들은 수업 시간에 독서토론을 배우고, 이를 바탕으로 친구와 놀고, 가끔 선생님·언니와 추억을 만든다. 배우기만 하면 즐기지 못한다. 그냥 진지한 배움의 경험에 그친다. 놀이만 있는 학교는 학생들이 오래오래 지속해서 놀 수 없고, 제대로 놀기 힘들며, 놀이가 깊어지기 힘들다. 멘토가 끌어주기만 하면 언니들도 제대된 경험이 없어서 알차게 동생들을 끌어주기 힘들다. 그래서 세 바퀴가 참 좋다. 학교의 독서 활동이 안정적으로 굴러갈뿐더러 자체적인 동력이 생겨서 저절로 신나게 굴러가는 지경에 이르게 된다. 더군다나 수업 시간에 배운 것을 가지고 이렇게 놀 수 있다니! 학교의 문화까지 바꾸어 놓는 힘이 대단하다.

일의 보람과 삶의 보람이 일치했던 3년

홍천여고에서 보낸 3년은 이제 지나간 추억이 되었다. 우리는 독서토론 교육을 업무라기보다 친한 동료 교사와 모의하고 작당해서 재미있는 일을 벌이는 마음으로 했다. 우리가 마련한 놀이판에 아이들이 햇살 같은 얼굴로 와서 웃으며 놀아주어 더 신바람이 났다. 점심시간에도 교무실에서 함께 도시락을 먹으며 독서동아리 일지를 가지러 오는 아이들에게 "오늘은 모여서 뭐 해?" "요즘 동아리 잘 돼?" 하면서 말을 걸었고, 퇴근 시간 이후에도 머리를 맞대고 수다를 떨면서 뭐 더 재미있는 일 없을까 궁리했다.

남들이 보면 매일매일 업무회의 하는 사람들이었고, 영혼의 퇴근이 없는 이상한 사람들이었을지 모르지만, 영혼의 퇴근 없는 3년이 몹시 즐거웠다. 심지어 꿈에서도 아이들과 함께 읽기와 관련된 판을 벌였다. "선생님, 우리 외국 도서관처럼 북토크 해볼까? 재미있을 것 같지 않아?" "선생님, 작년에 열심히 했던 2학년 아이들을 독서토론리더로 키워볼까?" "언니들이 독서토론 워크숍하면 동생들이 좋아하지 않을까?" 등의 엉뚱하고 이상한 제안도 흔쾌히 받아들이는 동지(同志)가 있었기에 가능했던 몰입의 3년이었다. 그래서 아무렇지도 않게 "나는 일의 보람과 삶의 보람이 일치하는 사람"이라고 말할 수 있었다. 멋진 경험이었다.

이왕 독서교육을 할 생각이라면 교실 수업에 머물지 않고 전면적으로 할 때, 큰 상승효과가 일어난다는 것을 배우게 되었다. 학생들이 수업 시간에 배운 것을 수업 외의 시공간에서 활용할 일이 많아진다는 것, 그래서 아이들의 일상이 조금 달라질 수 있다는 것은 교사에게 근사한 일이다. 교사가 학생에게 할 수 있는 '원체험'으로서의 아름다운 선물이라고 생각한다. 우리의 몸과 영혼, 기억 속에 함께 읽기의 든든함과 즐거움이 각인될 것이고, 이는 삶의 여러 줄기에서 다시 뿜어져 나오고 이어지게 될 것이다.

2019년 6월

서현숙, 허보영

차례

1부

독서토론을 배우다

한 권 읽고 독서토론

❝
독서토론은 샐러드 같아.
다양함이 섞여 더 맛있는 샐러드가 되는 것처럼
우리들의 독서토론도 여러 의견이 한데 모아져
근사해지니까 말이야. ❞

_ 책대화집 『우리, 같이 읽을래?』에서 발췌

책 읽기 수업은 학기 초가 특히 중요하다. 적당한 긴장감이 있을 때 시작해야 아이들은 '원래 고등학교는 이렇게 하는구나.' 생각하며 큰 저항 없이 따르게 된다. 3월부터 국어 수업 시간마다 21세기에 왜 독서가 중요한지, 함께 읽는 것은 어떤 점에서 필요한지에 대해 수업한다. '음, 책을 읽는 건 정말 필요한 일이고, 중요한 일이구나' 생각하며 무엇을 읽어야 할지 고민하는 찰나, 1학년 학생들과 함께 '한 권 읽고 독서토론 수업'을 시작하였다.

한 권 읽고 독서토론이란

이 수업은 독서토론이 낯선 학생들에게 큰 부담을 주지 않으면서 모둠별로 한 권을 읽고 독서토론 하는 방법과 과정, 즐거움을 알게 해주려고 기획했다. 가장 큰 목표는 독서토론을 한 후에 학생들에게서 "나도 독서토론 해봤어. 꽤 재밌더라"와 같은 반응을 얻는 것이다. 이러한 작은 성취감으로 독서와 토론을 '놀이'로, 즐거운 경험으로 인식하도록 만들고자 한다. 한 주에 한 시간씩 수업하여 책 고르기부터 보고서 작성을 마치기까지 9주 정도 소요된다. 수업의 전체 흐름은 다음과 같다.

'한 권 읽고 독서토론' 수업 과정

주제도서 소개 → 모둠 및 주제도서 정하기 → 모둠별 책 읽기 → 개인 의견 정리지 작성 → 모둠별로 독서토론을 위한 질문 만들기 → 선정된 질문에 대한 개인 글쓰기 → 모둠별 독서토론 → 보고서 작성·제출

1단계: 주제도서 고르고 모둠 정하기

이 수업에서는 책의 선택이 무엇보다 중요하다. 교사의 욕심이 앞서서 '고등학생이니 이 정도는 읽어야지' 하는 마음으로 책을 고르면 실패하기 딱 좋다. 수업 시간에 이루어지는 독서토론은 모든 학생을 대상으로 한다. 이 점을 염두에 두고 다양한 독서 수준을 고려해 도서 목록을 정해야 한다. 그렇지 않으면 누군가에

겐 '인생의 수업'으로 기억되는 시간이 누군가에겐 책과 함께한 끔찍했던 '극기의 시간'이 될 수도 있다.

첫 시간에 교사는 미리 선정해 온 주제도서 일곱 권을 표지가 보이도록 교탁에 전시한다. 주제도서는 학생들의 80퍼센트가 이해하는 데 무리가 없는 수준의 책을 기준으로 삼는 것이 좋다(98쪽 붙임자료① 참고). 교사는 학생들이 책을 고르는 데 도움이 되도록 책에 대한 대강의 정보나 핵심 키워드 등을 이야기해 준다. 같은 주제도서를 고른 학생들 다섯 명 내외로 모둠을 구성한다.

같은 책을 선택한 친구들로 구성된 모둠 구성원끼리 모여 모

선생님을 위한 도움말

1. 주제도서를 고를 때 교사의 사전 독서가 중요하다. 평소 다양한 책을 눈여겨보았다가 함께 읽고 토론하기 수업만을 위한 사전 독서를 해야 한다. 주변 교사의 말도 참고 사항일 뿐이다. 그 학교 아이들에게 좋았다고 우리 학교 아이들도 좋아한다는 법은 없으니 내가 만나는 아이들에게 의미 있는 책을 골라야 한다. 비문학의 경우, 개념을 딱딱하게 설명하는 책보다는 사례 중심으로, 아이들 삶과 밀착해서 이야기를 풀어가는 책이 좋다.
2. 가끔 정해진 기간까지 책을 준비하지 못하는 학생이 생기기도 한다. 그럴 때를 대비해 사전에 주제도서를 다섯 권 정도 준비해 놓자. 수업 시간에 책을 못(안) 가져와 불편해하는 학생에게 "널 위해 준비했지!"라고 말하며 빌려주면 아이는 머쓱해하면서도 고마워한다. 다른 학생들도 노는 아이가 없도록 탄탄하게 준비된 수업이라는 인상을 받는다. 아이들의 마음을 날카롭게 만들어서는 즐거운 수업이 되기 어렵다. 독서 행위 자체가 정서의 영향을 많이 받기 때문에 아이들에 대한 교사의 너그럽고 동그란 마음은 필수다.

모둠별로 활동일지를 작성하는 모습

둠장, 기록자, 알림, 사진 촬영 등 각자의 역할을 정하고 계획서를 작성한다. 교사는 모둠 수만큼의 파일을 준비하여 모둠별로 계획서와 매시간 일지 양식을 정리할 수 있도록 지도한다(102쪽 붙임자료②와 105쪽 붙임자료③ 참고). 파일에 정리된 일지를 통해 활동 과정을 살피고 피드백을 할 수 있는 장치를 마련하는 것이다.

그런 다음 학생들에게 책 구하는 방법을 안내한다. 책 준비는 성공적인 독서토론 수업을 위한 아주 중요한 첫 단추이므로 반드시 주제도서를 정한 당일에 책을 어떻게 구할지 모둠별로 정해야 한다. 학교도서관이나 공공도서관에서 빌리기를 원하는 학생에게는 그 자리에서 도서관에 책이 있는지 확인하게 한다. 하지만 한 가지 주제도서에 한 학급당 다섯 명, 다른 반까지 생각한다면 30여 명이니 도서관에서 책 빌리기는 하늘의 별따기다. 그 밖에 서점에서 구입하기를 희망하는 학생이 있다면 직접 서점에 전화를 걸어 주문하게 한다. 온라인 서점에 주문할 경우 희망자를 받아 그 자리에서 주문을 마칠 수 있도록 모둠장에게 일러둔다.

2단계: **모둠별 책 읽기**

책 읽기 기간은 2주 정도가 적당하다. 이것보다 기간이 늘어지면 느슨해진 마음 때문에 책 읽기를 자꾸 미루게 된다. 또 앞부분의 내용을 잊어버려 독서토론을 할 때도 어려움이 많다. 일주일에 한 시간씩 두 시간 정도를 주어 책을 읽도록 하며, 나머지 부분은 개인적으로 시간을 내어 끝까지 읽도록 지도한다.

학생들 대부분이 주제도서를 잘 읽어 오지만 다 못 읽은 학생도 있다. 매 수업시간 책을 잘 읽고 있는지 확인하기 위해 몇 쪽까지 읽었는지 질문한다. 다 읽은 학생에게는 칭찬을, 아직 다 못

같은 책 모둠 친구들이 찍은 사진

 선생님을 위한 도움말

책 읽는 아이들은 어여쁘지만, 그것을 지켜보는 일은 쉽지 않다. 드라마처럼 "얘들아, 책 읽자~" 하는 소리에 다들 눈에서 레이저를 쏘며 읽으면 참 좋겠지만, 현실은 그리 녹록하지 않기 때문이다. 아이들은 더울 땐 기운이 빠져, 추울 땐 몸이 오그라들어, 비 올 땐 우울해서, 흐릴 땐 마음이 어두워져 책 읽다 잠들기 일쑤다. 그럴 땐 계피맛 사탕이나 박하맛 사탕을 준비했다가 졸고 있는 아이의 손바닥에 놓아 주면 강렬한 향에 잠에서 깨곤 한다.

읽은 학생에게는 격려를 한다. 독서토론 하기 전에 다 못 읽은 사람 손들어 보라고 하면 민망한 표정으로 손을 든다. 이럴 때 크게 야단을 치거나 불이익을 주지 않는 것이 좋다. 불성실해서라기보다 책의 내용이 잘 이해되지 않거나 책 읽기 능력이 떨어지는 경우가 많기 때문이다. 모둠 속에서 친구들과의 대화를 통해 책 내용을 이해하고 끝까지 읽을 수 있도록 격려하는 것이 오히려 독서에 대한 동기를 불러일으킨다.

3단계: 개인 의견 정리지 작성

친구들과 책을 읽고 이야기 나누고 싶은 주제(질문 형식)를 함께 고민하는 것은 이미 독서토론의 시작이다. 주제도서를 모두 읽은 학생들은 친구와 토론하고 싶은 질문을 하나 만들고 이에 대한 자신의 의견을 정리해 각자 개인 활동지에 쓴다(106쪽 붙임자료④ 참고).

4단계: 토론 질문 만들고 개인별 글쓰기

모둠별로 토론 질문 선정을 위한 토론을 한다. 우선 책을 읽은 소감, 인상적인 구절, 등장인물에 대한 자신의 생각 등을 나누며 다 함께 생각해 보고 싶은 내용을 질문으로 정한다. 이 과정에서 책에 대한 일차적인 독서토론이 이루어진다. 주어진 질문에 답하는 것에 익숙한 우리의 현실에서 책을 읽고 스스로 질문을 만드는 것은 한 번도 가본 적 없는 길을 떠나는 것과 같다. 또한, 모둠 구성원들이 마음을 합한 만큼 좋은 질문이 만들어지기 때문에 질문 만드는 시간은 보석처럼 소중하다.

어떻게 시작하나 막막함을 느끼는 모둠에겐 선배들의 조언이 도움이 된다. 1년 이상 독서토론을 경험한 선배들에게 질문을 잘 만들려면 어떻게 해야 하는지 물었다. 언니들의 대답을 모아 PPT 자료로 만든 후 질문 만들기 시간에 들려준다.

언니들이 들려주는 좋은 질문 만드는 방법

"책을 읽은 감상과 인상 깊은 구절에 대한 이야기를 충분히 나누면 좋은 독서토론 주제가 나와요!"

"좋은 토론 주제는 누구나 말할 수 있는 주제, 현재 사회와 관련된 주제, 개인적 경험을 끌어낼 수 있는 주제예요."

"좋은 토론 주제는 흥미 있는 대화로 시작해서 깊이 있는 이야기로 확장될 수 있어요."

- 2학년 독서토론리더 언니들의 대화 중에서

모둠별로 질문을 만들기 전에 아래와 같이 주제의 성격별로 질문 만드는 법과 질문 유형을 구체적인 예문과 함께 프린트물로 만들어 배부한다. 이러한 교육은 아이들이 질문을 만드는 데 구체적인 도움을 준다.

주제의 성격별로 질문을 이렇게 나눌 수 있어요

- **책의 내용을 확인하는 질문**

- **책의 배경지식과 관련한 질문**

(예1) 이 책의 저자는 핵에너지를 반대하는데, 원자력 발전의 원리는 무엇인가?

(예2) 저자는 자신이 처한 현실에 끝없이 저항하며 삶을 만들어나간다. 당시 그 나라의 사회 문화적 상황은 어떠하였는가?

- **책과 주위 인물을 관련짓는 질문**

(예1) 저자는 자신의 꿈을 포기하지 않고 한결같이 노력한다. 우리 주변에서 유사한 인물을 떠올려 보고 이에 대해 이야기 나눠 보자.

- **책과 삶의 경험을 관련짓는 질문**

(예1) 주인공은 스트레스를 매운 것을 먹으며 해소한다. 살아오면서 가장 스트레스 받았던 때는 언제였고, 그것을 어떻게 해소하였는가?

(예2) 주인공은 마음을 나누며 아픔을 치유하는데, 살아오면서 진정으로 마음을 나눴던 경험을 이야기해 보자.

- **책과 사회 문제를 관련짓는 질문**

(예1) 주인공이 처한 현실은 1940년대 일제 강점기로 많은 문제와 어려

움이 있던 시기이다. 그렇다면 우리가 살아가는 현재에는 어떤 사회 문제가 있을까?

※ 질문 항목 - 에듀니티 〈교사가 지치지 않는 독서교육〉 연수에서 인용함.

유형별로 질문을 이렇게 나눌 수도 있어요

1. **자유논제**

(예1) 저자는 좋은 삶에 대해서 설명하고 있으며 평범한 사람도 좋은 삶을 살 수 있다고 이야기한다. 그렇다면 우리가 생각하는 좋은 삶이란 어떤 삶인가?

(예2) 이 소설에서는 사람을 빵에 비유하고 있다. 우리는 어떤 빵에 빗대어 표현할 수 있을까?

(예3) 전태일은 주변의 열악한 노동 현장을 개선하기 위해 노력하였다. 우리 주위의 부정적 현실은 무엇이고 이를 변화시키기 위해 우리에게 필요한 것은 무엇일까?

(예4) 와리스 디리는 어려서 할례라는 끔찍한 일을 경험한다. 우리 사회에 존재하는 부정적인 관습이나 문화에는 어떤 것이 있을까?

2. **선택 논제 및 찬반 논제**

(예1) 군중은 개인의 특성을 먹어 치우는 괴물이라고 저자는 말한다. 저자처럼 군중 심리를 부정적으로 보는 사람이 있는 반면 긍정적인 측면에 주목하는 학자도 있다. 군중 심리가 사회에 미치는 긍정적 영향과 부정적 영향 중 어느 쪽이 더 크다고 생각하는가?

(예2) 저자는 자기계발서를 신랄하게 비판하고 있다. 그럼에도 여전히

베스트셀러 목록에 자기계발서는 꾸준히 올라온다. 이런 저자의 주장에 공감하는가?

※『이젠, 함께 읽기다』(신기수 외 지음, 북바이북, 2014)에서 정리 및 인용

모둠에서 토론 질문을 여섯 개 정도 정한 뒤 교사의 조언을 받아 수정이 필요한 모둠은 수정하고, 최종적으로 네 개의 질문을 선정한다. 토론 질문 만들기는 한 시간 동안 진행되는데, 정해진 시간 안에 주제 선정을 마치지 못한 모둠은 별도로 시간을 내어 선정하도록 지도한다. 『황소의 혼을 사로잡은 이중섭』(최석태 지음, 현실문화, 2015)이라는 책을 읽고, 학생들이 만든 질문의 예를 살펴보자.

『황소의 혼을 사로잡은 이중섭』을 읽고 학생들이 만든 질문

- 내가 닮고 싶은 이중섭의 성격이나 삶의 태도는?
- 이중섭의 그림 중 가장 인상 깊었던 그림과 그 이유는?
- 이중섭에게 그림이란 어떤 의미였을까?
- 이중섭은 일제 강점기라는 암울한 시대를 살았다. 그렇다면 지금 우리 사회의 암울한 면은 어떤 것들이 있을까?

좋은 질문은 토론을 활기차게 만든다. 좋은 질문이란 어른들 보기에 그럴듯한 것이 아니라 아이들이 책을 읽고 나서 스스로의 삶과 학교, 사회에 대해 당연하다고 생각했던 것에 의문을 제

토론 질문을 만드는 모습

기하게 만드는 것이다. 선생님의 욕심에 질문을 다듬어 주었더니 오히려 활발한 토론이 이루어지지 않았다. 어른의 말과 청소년의 말이 다르기 때문이다. 무엇을 이야기하든 출발은 '나'로부터 시작해야 풍부한 이야깃거리가 생겨난다.

네 개의 토론 질문을 만들고 나면, 질문 각각에 대해서 자신의 생각을 글로 정리한다(107쪽 붙임자료⑤ 참고). 완성된 글이라기보다는 A4 절반 정도의 분량으로 편하게 작성하도록 한다. 토론이 진행되기 전에 자신의 생각을 정리해 보는 의미가 있는 과정이다.

5단계: **모둠별 독서토론**

전 시간에 만든 네 개의 질문으로 독서토론을 진행한다. 토론 전에 진행, 사진 촬영, 대화 내용 녹음 및 기록 등 모둠 구성원끼리

모둠별 독서토론 하는 모습

역할을 분담한다. 토론 주제별로 담당자를 정해서 토론 내용을 녹음하면 이후 녹취를 푸는 과정에서 한 사람에게 부담이 가중되는 것을 피할 수 있다.

토론은 두 시간 동안 진행해 충분한 대화가 이루어지게 한다. 지도하면서 깨닫게 된 것은 네 개의 토론 질문을 정할 때 이미 일차적인 독서토론이 이루어진다는 것이다. 더군다나 주제에 대한 자신의 생각을 글로 정리한 후에 진행하는 토론이라서 순조롭게 이루어진다.

 선생님을 위한 도움말

간혹 너무 빠르게 토론을 끝내고 빈둥거리는 모둠이 생기기도 하는데, 그럴 땐 깊이 있는 대화가 이루어질 수 있도록 교사가 다양한 방향에서 조언해 주면 좋다. 너무 열띤 토론으로 시간이 부족한 모둠은 점심시간이나 방과 후 시간을 이용하여 토론을 마무리하게 한다.

6단계: **최종 보고서 작성**

토론 내용을 담은 보고서를 작성하여 제출하는 것으로 독서토론 수업을 마무리한다. 그동안의 시간을 잘 담아낼 수 있도록 독서 토론이 끝난 다음 주에 컴퓨터실에서 수업을 진행한다. 컴퓨터실 수업 전에 녹취한 독서토론 내용을 한글 문서로 작성해 오는 과제를 준다. 학생들은 컴퓨터실에 모둠별로 앉아 수업을 준비한다.

인터넷 시대라서 모든 아이들이 문서 작성을 잘할 것 같지만 현실은 그렇지 않다. 아주 초보적인 수준의 한글 문서 작성법을 모르는 학생들이 상당수 있으므로 반드시 시간을 할애해 한글 문서에서 어떻게 보고서를 작성해야 하는지 안내한다(109쪽 붙임자료⑥ 참고). 말을 글로 풀어내는 과정이므로 군말은 빼고 유사한

최종 보고서를 작성하기 위해 회의하는 모습

말은 합쳐서 일정 정도 길이로 대화 내용을 다듬도록 한다. 설명을 마친 이후에는 모둠별로 소제목 등 보고서 구성 요소를 정할 수 있도록 편집회의 시간을 주고 수업을 끝낸다. 보고서 작성까지는 2주간의 시간을 주어 대화 내용을 정리하고 편집 완료 후에 보고서를 이메일로 제출하도록 안내한다.

독서토론 보고서 작성 방법

1. 표지 내용
   ① 책 대화 내용을 잘 드러내는 큰 제목
   ② 주제도서 제목(저자명)
   ③ 모둠 구성원 이름과 학번(정확하게)
   ④ 선정한 토론 주제(4가지)
   ⑤ 개인별 역할
   ⑥ 표지에 사진이나 표 사용 금지

2. 작성 시 유의 사항
   ① 녹음한 것을 바탕으로 내용을 작성하되, 불필요한 말을 삭제하고, 합치고 다듬는 과정을 반드시 거칠 것
   ② 녹음한 것을 바탕으로 하되, 편집하면서 어법에 맞게 다듬을 것
   ③ 자신의 감정과 생각을 표현하면서 "~한 것 같아"라는 말을 쓰지 말 것
   ④ 맞춤법, 띄어쓰기에 어긋나는 표현이 없도록 다듬을 것
   ⑤ 표지 포함해서 10페이지까지만 허용함. 10페이지가 넘으면 감점.

토론 과정이 충실했던 모둠은 그 느낌이 생생하게, 우왕좌왕했던 모둠은 그 어수선함이 그대로 보고서에 드러난다. 아이들의 글이 귀하고 소중해서 잘 쓴 작품들을 모아 학기 말에 '책대화집'을 발간하였다. 책에 담길 원고를 교정하는 역할 역시 학생들 중에서 편집위원을 선발하여 맡겼다. 희망자가 너무 많아 편집위원 선발을 위한 맞춤법 시험을 도서관에서 치르기도 했다.

책 제목은 '독서토론 책 제목 공모전'을 통해서 정했다. 많은 응모작 중에서 선정된 '우리, 같이 읽을래?'[1]는 과정을 함께한 이들이 결과도 모두 함께 만들어 냈다는 점에서 활동의 의미를 설명하는 백 마디 말보다 더 큰 울림과 긍정적 동기를 주었다.

모든 변화와 응용은 '기본'에서 시작한다. 함께 책을 읽고 토론하기의 기본을 수업 시간에 배우고 익힌 후, 독서동아리나 독서 활동에 다양하게 변주하여 활용한다. 자신의 의견을 당당하게 말하고, 어떤 생각도 다 옳은 생각일 수 있다는 것을 확인하는 것은 덤이다. 이야기 도중 친구의 생각을 듣고 나의 생각이 바뀌어도 괜찮다. 세상에 정답은 없고, 나의 바뀐 생각 또한 세상의 물음에 대한 나의 답일 수 있다는 것을 알게 되었으니까.

1 이 귀여운 책의 제목은 학생들에게 공모한 결과로 당선된 것이다. 내용을 채우고, 책에 이름을 붙이고, 편집하는 전 과정에 학생들이 참여하였다.

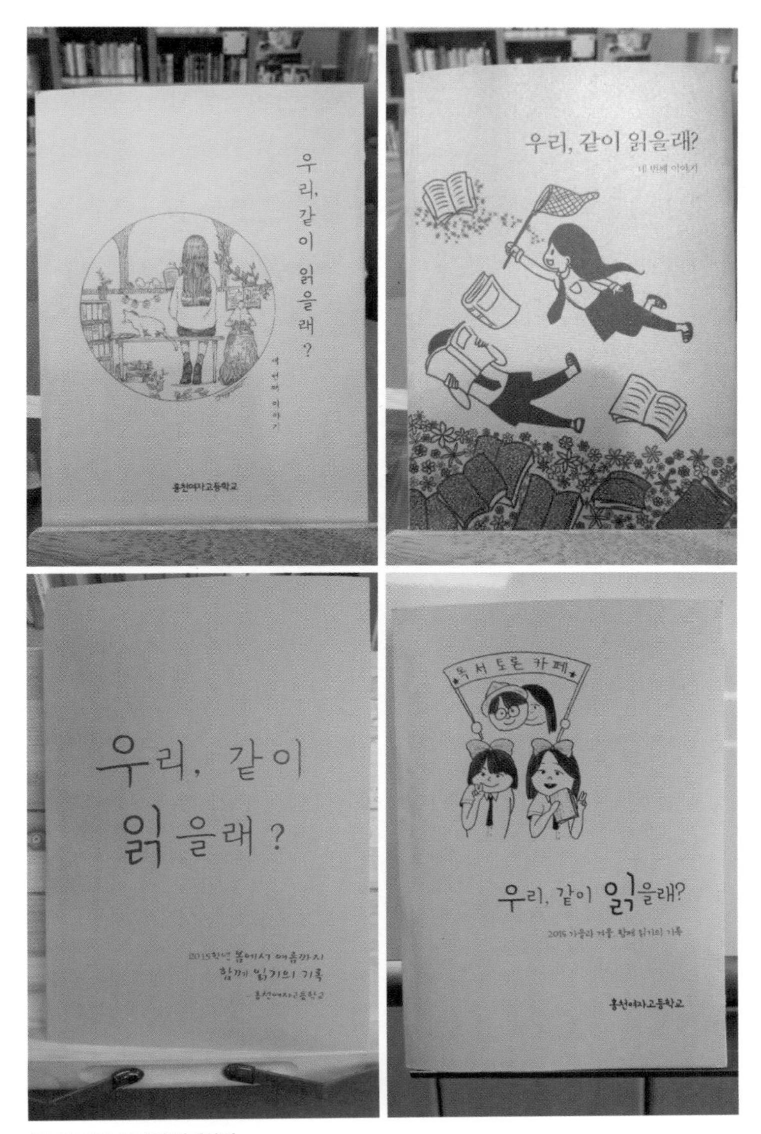

학기 말마다 펴냈던 책대화집

책 읽기 첫 시간, 『황소의 혼을 사로잡은 이중섭』을 주제도서로 읽게 된 아이들의 표정은 어두웠다. '이중섭'이라는 이름을 초등학교 시절부터 교과서에서 익히 봐 왔기 때문에, 또는 나와는 거리가 먼 천재적인 예술가의 이야기여서 그랬을 수도 있다. 그러나 책을 읽고 감상을 나누고 토론 주제를 선정하는 과정에서 아이들의 얼굴은 한결 밝아져 갔다. 이중섭의 생애와 그림에 대해 읽어 나가며 예술가 '이중섭'이 아니라 '인간 이중섭'을 만나게 되었기 때문이다. 아이들은 이중섭의 삶과 그림을 통해 자신의 모습을 보았다. 난 어떤 사람인지, 이중섭은 그림을 통해 어떤 마음을 세상에 내보이고 싶었던 것인지, 이중섭이 이 시대를 살아간다면 어떤 어두운 면을 그림으로 드러내고 싶어 했을지 등에 대해 토론하였다.

다음 대화문은 『황소의 혼을 사로잡은 이중섭』을 읽고 학생들이 토론한 내용으로, 토론 과정을 이해하는 데 참고해 보자.

수연 우리가 읽은 『황소의 혼을 사로잡은 이중섭』은 화가 이중섭의 삶을 다룬 책이야. 이중섭의 생애와 그림에 대해 이야기하다 보면 인간 이중섭을 알게 될 거라 생각해.

토론 주제 ❶

내가 닮고 싶은 이중섭의 성격이나 삶의 태도는?

하은 난 이중섭의 담대한 성격을 닮고 싶어. 담대하게 무엇을 해 본 적이 없어서 이중섭의 소신 있는 행동이 부러웠거든. 이중섭은 일제 강점기에 일본인들이 무섭지 않았을까? 나라면 일본에 대항할 생각은 절대 못 했을 것 같아.
그림에 대한 열정도 멋졌어. 어떤 상황에서도 꾸준히 그림을 그리는 이중섭의 모습을 보면서 많은 것을 생각했거든. 나는 어떤 일을 할 때 포기하지 않으려고 하지만 정작 그러지 못할 때가 많아. 그런데 이중섭은 죽기 전에도 그림을 그리잖아. 나도 이렇게 어떤 일에 몰두해 보고 싶어.

효정 나는 이중섭의 굳은 의지를 닮고 싶어. 그는 어려운 상황에서도 포기하지 않고 자신이 그리고 싶은 그림을 그리며 수많은 작품을 남겼거든. 또 창씨개명의 압박에도 굴하지 않았지. 난 누가 이거 해라, 저거 해라 하면 내 주장을 딱 말하지 못하고 시키는 대로 해서 그런지 이중섭의 소신 있는 모습이 멋있게 느껴졌어.

수연 나도 하은이처럼 소심한 편이라 책임을 져야 하는 일이나 큰 결심이 필요한 일에 잘 나서지 못해. 그런데 이중섭은 부당하게 맞고 있는 아이를 구하기 위해 나서는 대담함과 정의로움을 지녔어. 이 부분을 읽으면서 나라면 어떻게 했을까 생각해 봤어. 절대 나서지 못했을 것 같아. 그 담대함과 정의로움을 꼭 본받고 싶어. 또, 그의 열정도. 자유롭지 못한 힘든 시대를 그림에 열정을 가지고 적극적으로 살았던 그가 부러워. 나도 내가 열정을 갖고 할 수 있는 일을 찾았으면 좋겠어.

수민 몸이 아프면 좋아하는 일이라도 손에 잡지 못하는 사람이 대다수인데, 이중섭은 죽을 때까지도 손에서 붓을 놓지 않았다는 점이 존경스러워. 나에게도 그런 존재가 있을까 돌아보게 되었어. 그런 존재를 만들어나가는 과정이 진정한 '성장'이라고 생각해.

민정 나는 '쉽게 포기하는' 내 성격이 너무 마음에 안 들었어. 그런데 이중섭은 나와 정반대로 포기를 모르더라. 그게 너무 멋있어. 예를 들어, 이중섭이 공들여 그린 수많은 그림이 타버렸을 때, 나라면 '아, 내가 몇 년 동안 공들여 그렸던 그림이 타버렸어. 난 그림과 맞지 않나 봐. 포기할까?'라는 생각이 먼저 들었을 것 같아. 이중섭은 며칠 동안 상심했지만, 포기하지 않고 다시 그림을 그리기 시작했지. 난 여기서 '이중섭'이라는 사람에게 반한 것 같아. 원래 자기와 반대인 사람에게 반한다잖아.

보영 내가 생각하는 나는 열심히 하지만 끈기가 부족해서 끝까지 마무리를 못 해. 그래서 후회를 많이 하지. 그런데 이중섭은 어떤 일에 집중하면 집념 있는 자세로 완벽하게 일을 해내지.

이러한 모습이 부럽고 존경스러워서 그의 끈기와 집념을 본받고 싶어. 몇십 년간 싫증 내지 않고 꾸준히 그림에 헌신하는 모습이 멋있어. 이런 면을 내 머릿속에 기억하고, 나도 한 가지 일에 딱 집중하고 끝을 맺는 연습을 많이 하겠다고 다짐했어. 나중에 바뀐 나 자신을 보고 뿌듯해할 날이 오면 정말로 기쁠 것 같아.

토론 주제 ❷

이중섭의 그림 중 가장 인상 깊었던 그림과 그 이유는?

효정 이중섭의 그림 중에서 자신의 모습을 그린 〈자화상〉이 가장 기억에 남아. 이중섭은 오해로 인해 정신병자 취급을 받고, 강제로 정신병원에 입원하게 되잖아. 그곳에서 자신이 정신병자가 아니라는 사실을 증명하기 위해 자화상을 그리지. 아무도 믿어주지 않는 상황에서 얼마나 외롭고, 우울하고, 답답했을까. 자신을 그리고 있는 이중섭의 모습을 상상하면 마음 한쪽이 시큰하면서 안쓰러워.

이중섭의 〈자화상〉, 1955년, 종이에 연필, 48.5×31cm

수연 나도 〈자화상〉이 가장 인상 깊었는데. 일단 자신을 그렸다는 점이 눈길을 끌었고, 실제 모습과도 흡사한 것 같아. 이중섭의 다른 그림 속 인물들은 실제 모습과 거리가 멀었잖아. 그리고 효정이 말처럼 그림에 얽힌 안타까운 사연도 마음이 아팠어. 이중섭이 사람들한테 미움받을 짓을 하면서 살아온 것도 아닌데 어떻게 말도 안 되는 이유로 이중섭을 조현병 환자로 만들 수가 있는지 너무 화가 났어. 이중섭의 억울함과 마음의 상처가 떠올라서 자꾸 보게 된 것 같아.

수민 평소 나는 행복한 결말의 소설이나 영화를 좋아해. 밝고 희망찬 느낌을 주는 그림을 좋아하지. 그런데 〈세 사람〉은 새로운 느낌이었어. 이 그림을 보고 난 후에는 외롭고 쓸쓸한 느낌을 주는 그림에 관심이 가기 시작했거든. 채색하지 않아서 그런지 사람들의 공포감이나 허망함, 비참함이 더 크게 느껴지는 것 같아. 그림 속에서 사람들이 모두 눈을 가리거나 감고 있잖아. 아마도 시대를 외면하고 싶은 마음을 표현한 게 아닐까 싶어.

하은 나는 이중섭의 〈돌아오지 않는 강〉이라는 작품이 마음에 가장 많이 와닿았어. 그림 속 한 아이는 창문에서 누군가를 기다리는 듯 보여. 창문 밖에는 한 여인이 머리에 무엇인가를 이고 서 있지. 총 4컷으로 나누어진 그림 속에서 한 아이는 점점 커서 어른이 되어 가는데, 여인은 계속 그 자리에 서 있어. 여기서 아이는 이중섭이고 여인은 어머니 아니면, 떨어져 지내는 아내가 아닐까 추측해 봤어. 아마도 가족과 떨어져 지내는 그리움과 슬

이중섭의 〈세 사람〉, 1945년경, 종이에 연필, 18.2×28cm

이중섭의 〈돌아오지 않는 강〉 연작, 1956년, 종이에 연필, 유채, 20.2×16.4cm

픔을 그림으로 표현한 게 아닐까? 제목도 '돌아오지 않는 강'이잖아. 만날 수 없는 현실 속에서 가족을 그리워하는 이중섭의 모습이 떠올라 한참 동안 이 그림만 쳐다봤지.

민정 처음에 나는 이중섭 그림의 아름다움을 이해할 수 없었어. '그냥 소 그림인데, 도대체 뭐가 아름답다는 거지?'라고 생각했지. 근데 계속 보게 되는 매력이 있더라고. 특히 〈서귀포의 환상〉은 정말 매력적이었어. 처음엔 그냥 예쁘다고 생각했어. 그림 자체가 예쁘거든. 계속 보니까 열매를 따는 사람들, 새를 타고 있는 사람들, 누워 있는 사람들이 너무 평화로워 보이더라고. 색도 뭔가 부드럽고 따뜻한 느낌을 주고 내 마음까지도 평화로워졌지. 이중섭과 가족은 6.25 전쟁을 피해서 서귀포로 온 거잖아. 아마도 전쟁의 현실과 너무 다른 평화로운 서귀포가 작가에게 인상적이라 그림으로까지 남기게 되었나 봐.

보영 나는 〈부부(봉황)〉! 그림 속 두 새가 서로 잡으려고 애쓰는 것 같았어. 이중섭이 6.25전쟁으로 가족과 떨어져 지내던 시기잖아. 이 두 새는 부인과 자신이 아닐까? 그런데 설명을 찾

이중섭의 〈서귀포의 환상〉, 1951년, 나무판에 유채, 56×92cm

아보니 남과 북의 상황을 표현한 거더라. 그 사실을 알게 된 후 그림이 그전과 너무 다르게 느껴졌어. 아직 아물지 않은 남북 분단의 문제도 그렇고, 장애를 넘어 하나가 되기를 소망하는 이 봉황들처럼 나도 통일에 대한 생각이 더 간절해진 것 같아. 여전히 지속되고 있는 분단의 문제는 우리들이 풀어야 할 숙제야. 어서 빨리 해결해서 함께 행복했으면 좋겠어.

이중섭의 〈부부(봉황)〉, 1953년, 종이에 유채, 40×28cm

토론 주제 ❸

이중섭에게 그림이란 어떤 의미였을까?

수연 이중섭에게 그림은 '베스트 프렌드'인 것 같아. 그냥 '친구' 말고 '가장 가까운 친구'. 그런 친구에게는 어지간한 비밀은 다 털어놓고, 그러면서 위로받고, 함께 수다 떨면서 걱정이나 힘든 일을 잠시 잊기도 하잖아. 이중섭에게 그림이 그런 존재 아니었을까? 일제 강점기의 분노나 남북 분단의 슬픔을 표현하기도 하고, 가족에 대한 그리움도 담아내고….

효정 이중섭에게 그림이란 생계 수단이기도 했다고 생각해. 그림 그리는 것을 좋아하기도 했겠지만, 만약 수입이 생기지 않았다면 그림을 그렸을까? 물론 높은 지위에 있는 사람들이 원하는 그림을 그려줬다면 훨씬 더 많은 돈과 명성을 얻었겠지. 사회비판적이고 소신을 드러내는 그림으로 어려움을 겪긴 했지만 말이야.

수민 이중섭에게 그림이란 '삶의 안식처'였을 거야. 그림을 통해 스스로 위안받고 행복했던 기억들을 기록했으니까.

하은 나는 이중섭에게 그림이란 '자신의 생각이나 감정을 표현하는 도구'라고 생각해. 이중섭의 그림을 보면 이중섭이 처해 있던 상황이나 보고 느낀 것이 고스란히 담겨 있잖아. 그림을 보고 있으면 이중섭이 무엇을 느꼈구나 하는 것이 그대로 느껴져. 예를 들어 아내와 아들들에게 보내는 편지에 그린 그림들을 보면, 그가 얼마나 가족을 사랑하는지 알 수 있을 정도로 부드럽고 밝고 아름다워. 반면에 〈부부(봉황)〉 같은 그림은 절박함이 느껴지지. 그만큼 이중섭은 그림을 그릴 때 자신의 감정을 많이 담아서 그린 것 같아. 그는 그림을 통해 다른 사람들에게 자신의 생각과 감정을 전달하고 싶었던 게 아닐까.

민정 이중섭에게 그림이란 '일기'였을 거야. 우리 옛날에 일기 많이 써봤잖아. 일기에는 무엇을 썼어? 자기가 보고, 듣고, 겪은 것에 대한 느낌과 생각 등을 쓰잖아. 이중섭은 그림으로 그런 것들을 표현한 거지. 나는 최근에 일기를 쓰기 시작했는데, 일기에 기분 나빴던 일이나 속상한 일을 쓰다 보면 기분이 풀리고 홀가분해지는 느낌이 들어. 아마도 이중섭은 그림을 통해 이런 느낌을 갖게 되지 않았을까?

토론 주제 ❹

이중섭은 일제 강점기 속 암울한 시대를 살았다. 그렇다면 지금 우리 사회의 암울한 면은 어떤 것들이 있을까?

수연 이중섭은 가족을 많이 사랑하고 그리워했어. 자식들에겐 자상한 아버지였지. 하지만 요즘 이런 가족과는 달리 '아동 폭력' 문제가 뉴스에 자주 오르내리고 있어. 어떻게 어린아이에게 고통을 줄 수 있는지, 심지어 어떻게 자기 자식에게조차 폭력을 휘두르는지 이해할 수가 없어. 그런 일은 도대체 왜 생기는 걸까? 나는 '가정 폭력' '아동 폭력'이 세상에 일어나선 안 된다고 생각해. 어린아이들이 스스로 폭력으로부터 벗어날 수 있는 방법은 거의 없잖아. 며칠 전 라디오 광고를 들은 적이 있어. '가정 폭력' '아동 폭력'을 당하고 있는 아이들에게는 '숨바꼭질'이 단순한 놀이가 아니라 정말 살기 위한 것이라는 내용이었지. 너무 소름 끼쳤어. 어려움을 겪는 아이들이 적극적으로 도움을 요청하고 구조받을 수 있는 방법들이 많이 생겨나 폭력 없는 세상이 되었으면 좋겠어.

하은 나도 우리 사회의 큰 문제 중 하나가 아동 학대라고 생각해. 최근에는 자식을 죽여 암매장한 사건이 1년 뒤에나 밝혀진 뉴스를 본 적이 있어. 이중섭은 어린아이들을 좋아했는데 만약 그가 살아 있었다면 이 사건을 접하고 어떤 반응을 보이고, 어떤 그림을 그렸을지 궁금해. 그는 실수로 게를 밟아 죽여 미안한 마음에 그림을 그렸을 정도로 생명에 대한 사랑이 남달랐잖아.

효정 이중섭은 생명을 소중히 생각하는 사람인 것 같아. 하지만 우리 사회에는 그렇게 생각하지 않는 사람들이 많아. 사람을 존중하지 않으니 동물을 학대하는 일은 더 빈번하게 일어나. 얼마 전 여자친구와 헤어진 분풀이로 자신이 키우던 반려견을 무차별적으로 폭행했던 남자 생각나니? 또, 모피코트 한 벌을 만들기 위해 수십 마리 동물의 목숨을 빼앗는 것은 과연 올바른 일일까? 동물 보호에 관한 엄격한 법이 만들어져서 학대당하거나 인간의 편의를 위해 희생되는 동물이 없었으면 좋겠어.

토론을 마무리하며

수민 미술에 관한 책은 처음이라 낯설고 어렵게 느껴졌어.

하지만 같이 책을 읽고 토론하다 보니까 그림에 흥미를 갖게 되던걸. 이제 누가 나에게 이중섭에 대해 물어본다면 아주 자신 있게 설명할 수 있을 것 같아. 우리 모둠의 열띤 토론이 자랑스러워.

하은 친구들과 함께 책을 읽고 의견을 나누어 보는 경험이 처음이라 많이 긴장됐어. 누군가 앞에서 말한다는 게 부끄럽더라고. 내성적이라 사람들 앞에서 말하는 거 정말 싫어하는데 이 토론이 계기가 되어 새로운 도전을 하게 된 것 같아 뿌듯해. 나랑은 멀다고 느낀 미술 관련 책이라 힘들기도 했지만, 너희들과 함께라 잘 마무리한 것 같아. 역시 친구들이 최고다.

민정 이 책을 읽으며 '이중섭'이라는 사람을 더 자세히 알게 되었어. 이중섭의 그림을 보면서 사람들이 일제 강점기 때 얼마나 억울하고, 원통하고, 힘들었을지 느껴져서 마음이 아팠어. 사실 나는 미술을 주제로 한 책을 처음 읽어봤어. 다들 그렇지? 개인적으로 좋은 경험이었다고 생각해.

보영 평소 미술에 관심이 없고 가까이한 적 없는 분야라 내가 잘 이해할 수 있을까 걱정했어. 하지만 책을 읽고 나니 고민한 시간이 아깝더라. 어려웠던 부분이나 궁금했던 부분이 많았는데 친구들과 이야기하면서 해소하니 완벽하게 이 책을 소화한 것 같은 느낌이야. 너희들과 다양한 이야기를 나누면서 책에 한층 더 가깝게 다가간 것 같아.

수연 솔직히 처음에 이 책만큼은 피하고 싶었어. 어려울 거라 생각했거든. '이중섭'이라는 이름만 알았지, 배경지식이 별로 없다 보니까 생소하게 느껴졌어. 그런데 읽다 보니 관심도 가고, 화가의 삶을 알고 나니까 그림도 훨씬 이해하기 쉽더라고. 관심 없던 책도 이렇게 너희와 함께 읽고 이야기 나눠 보면서 흥미가 생겨 너무 좋아. 다들 어렵고 새로웠을 내용에 적극적으로 의견 내줘서 정말 고마워!

주제 통합 독서토론

"토론이라고 하면 괜히 유식한 사람들만 하는 것 같고,
심오한 주제로만 진행될 것 같잖아요.
그런데 제가 경험한 독서토론은 말 그대로 함께 읽고,
얘기 나누고 싶은 주제를 정해서 하고 싶은 얘기를
하면 되는 거예요. 그 속에서도 분명 책이든
다른 친구에게든 깨달음을 얻게 되거든요."

_ 주제 통합 독서토론 수업에 참여한 학생 소감

1학기 수업을 통해 한 권 읽고 독서토론하기를 경험한 아이들은 교과서의 어떤 단원을 공부할 때보다 훨씬 더, 자신이 참여하여 결과를 만들어 냈던 수업에 보람을 느꼈다. 2학기에는 함께 수업을 만들어가는 동지가 된 아이들과 폭넓은 책 읽기를 위하여 주제 통합 독서토론 수업을 진행하였다. 특히 영상 매체에 익숙한 세대라 영화가 포함된 것에 대한 기대감이 컸다.

주제 통합 독서토론이란

주제 통합 독서토론은 일곱 가지 주제를 선정한 뒤 두 권의 책(문학/비문학)과 영화 한 편을 하나의 주제로 묶어 토론하는 것이다. 예컨대 '삶과 죽음을 생각하다'라는 주제로 영화 〈미 비포 유〉를 감상하고, 소설 『모리와 함께한 화요일』, 비문학 도서로 『만약은 없다』를 읽고, 글을 쓰고 독서토론 하는 방식이다.

삶은 분절되어 존재하지 않으나 교실에서의 배움은 작은 조각으로 나누어져 이루어진다. 폭넓은 시선으로 세상을 보기보다는 지엽적이고 단편적인 지식에 매달리기 쉽다. 주제 통합 독서토론 수업은 하나의 주제에 대한 깊이 있는 독서와 영화 감상, 토론으로 이루어진 수업을 통해 책과 세상이 따로 존재하지 않고 배움과 삶이 분리된 것이 아니라는 점을 배울 수 있길 바라는 마음으로 기획했다. 주제 통합 독서토론 수업의 전체적인 흐름은 다음과 같다.

'주제 통합 독서토론' 수업 과정

모둠 구성하고 주제 정하기 → 영화 감상 후 개인 글쓰기 → 모둠별 영화 토론 후 내용 정리 → 주제도서1 읽고 개인 글쓰기 → 주제도서1 모둠별 토론 후 내용 정리 → 주제도서2 읽고 개인 글쓰기 → 주제도서2 모둠별 토론 후 내용 정리 → 통합 토론 주제 선정하기 → 통합 토론 주제에 관한 개인 글쓰기 → 주제 통합 독서토론 → 토론보고서 작성하기

1단계: 모둠 구성하고 주제 정하기

먼저 주제 통합 독서토론 수업의 전체 흐름을 설명한 뒤 일곱 개 주제(역사, 환경, 일, 우정, 삶과 죽음, 인권, 교육)를 제시한다. 학생들은 이 중 한 가지를 선택해 모둠을 구성한다. 이 과정에서 1학기와 차이를 둔 것은 모둠장을 모둠 구성 전에 뽑은 것이다. 책임감 있게 모둠을 이끌 수 있는 학생을 지원 및 추천을 통해 세운 후에 모둠장이 주제를 선정하여 모둠을 구성하였다. 한 학기 한 권 읽기보다 훨씬 긴 시간이 걸리기 때문에 보고서를 제출하지 못하는 모둠이 없도록 하기 위한 최소한의 장치이다. 이를 통해 모든 학생이 독서토론 수업의 성취감을 느낀다면 또 다른 독서토론에 대한 도전으로 이어지게 될 것이다.

요즘 아이들은 어른보다 바쁘다고 한다. 갑작스럽게 과제를 주면 부담감에 지레 포기할 수도 있다. 이를 막으려면 주제 통합 독서토론을 설명하는 첫 시간에 전체적인 활동일지를 함께 제시해야 한다. 매주 해야 할 과제를 주고 점검하게 하면 일의 우선순위를 정할 때 독서토론이 빠지는 것을 막을 수 있다(105쪽 붙임자료③ 참고).

2단계: 영화 감상 후 개인 의견 정리지 작성

새로운 학기가 시작되어 아직 방과 후 수업이나 야간자율학습이 진행되지 않은 기간이 영화 상영에 가장 적기이다. 일곱 개 주제의 영화를 상영할 일곱 개 교실을 섭외하면 학교가 멋진 멀티플렉스 영화관으로 변신하게 된다. 각 반 국어부장의 도움을 받아 사전에 화질이나 음량 등을 점검한 뒤 교실 컴퓨터에 영화 파일을 깔아 놓는다. 학생들에게 충분히 공지하여 모든 학생이 각자 선택한 주제의 상영관에서 영화를 관람하도록 했다. 국어부장은 상영 당일 출석 체크, 영화 재생하기 등을 맡아서 해 줬다. 아이들은 같은 주제를 선택한 친구들과 함께 학교에서 영화를 보는 일을 일상에서 벌이는 깜짝 이벤트처럼 생각했다. 이미 영화를 본 아이들도 다시 보는 걸 시시해하기보다 친구들과 함께 보는 걸 즐거워했다. 같은 영화라도 누구와 함께 보느냐에 따라 다른 느낌을 받게 된다는 걸 경험을 통해 알게 된 것이다.

모둠 친구들과 함께 영화를 보는 것은 아주 중요하다. 주제 통합 독서토론을 처음 시작한 해에는 시간이 없다고 사정하는 학생

 **선생님을 위한 도움말**

첫해에는 선정에 실패한 영화 작품이 몇 개 있었다. 처음 시도하는 수업에 많은 것을 담고 싶은 마음에 주위에서 추천한 영화나 교사 본인이 재미있거나 의미 있게 본 영화 위주로 고르다 보니 생긴 일이었다. 이 수업만을 염두에 두고 주제도서와 영화를 검토하는 과정을 반드시 거쳐야 한다. 청소년기 아이들은 다큐멘터리 성격의 영화(〈우리 학교〉, 〈식코〉, 〈동경 핵 발전소〉 등)를 보는 것을 어려워했다. 배경지식이 많이 필요한 영화인데, 평소 관련 주제에 대해 큰 관심이나 지식이 없는 상태에서 보게 되니 이해하기 쉽지 않았던 것이다.

들이 있어 좋은 마음으로 각자 집에서 보는 것도 허용했다. 그랬더니 영화를 제대로 보지 않고 와서 토론을 진행하는 데 어려움을 겪는 모둠들이 몇 있었다. 그래서 다음 해부터는 총 2일 동안 방과 후에 학교에서 영화를 상영했고, 2일 중 하루는 반드시 같은 모둠 친구들과 영화를 보도록 지도하고 실제 관람 여부를 수행평가 항목에 포함시켰다. 결과적으로 생생한 감상 덕분에 영화 토론도 훨씬 활기 있게 진행되었다.

영화 감상 이후에는 글쓰기 과제를 제시한다. 모둠별로 토론하고 싶은 주제(질문 형식) 한 가지를 정한 뒤 자신의 의견을 글로 써 오는 과제이다(106쪽 붙임자료④ 참고).

3단계: 모둠별 영화 토론 후 내용 정리

전 시간에 내준 글쓰기 과제를 해 온 학생들은 이를 바탕으로 모둠별 토론 질문을 한 가지 선정한 후, 영화 토론을 진행한다. 토론 질문과 대화 내용을 간단하게 모둠 일지에 정리한다. 이미 머릿속 생각을 글로 정리해 온 상태에서 토론을 하니 이야기의 진행이 원활하였다.

4단계: 주제도서 읽고 개인 의견 정리지 작성

도서는 주제별로 문학과 비문학 도서 한 권씩, 총 두 권을 선정한다. 읽기 시간은 도서별로 수업 시간 중 두 시간(1주 한 시간, 총 2주)을 준다.

책 읽는 시간에는 학교도서관에서 모둠별로 같은 책상에 모여 앉도록 하였다. 이해가 안 되는 부분을 서로 질문하고 책 이야기도 나누며 자극을 주고받을 수 있기 때문이다. 친구가 읽은 분량을 보며 귀여운 질투심에 책 읽기 속도를 높이기도 한다.

비문학 책 읽기를 어려워하는 모둠이 있어 자기 의견 쓰기 전 단계에 책 내용을 간단하게 요약하는 과정을 넣었다. 학생들은 장별로 내용을 요약하고 핵심 개념을 정리하면서 책을 더 잘 이해하게 되었고, 책 읽을 때 한층 집중해서 읽었다.

책을 다 읽은 후에는 개인 의견 정리지를 작성하는 과제를 제시한다(106쪽 붙임자료④ 참고). 책 내용을 더 깊이 이해하게 도와주는 과정으로 모둠 독서토론 시 풍부한 대화가 가능하게 만들어 준다.

각자의 질문을 마음에 품은 다섯 명의 아이들이 모여 앉아 주제도서에 대한 토론을 진행한다. 토론의 시작은 책에 대한 감상이나 인상 깊은 구절 나누기이다. 인물이나 사건 등에 대해 나라면 어떻게 했을까 이야기하며 책 내용과 나의 삶을 연관 짓는 하나의 질문(주제)을 만들어 모둠 친구들과 이야기를 나눈다. 나를 넘어 주변과 내가 속한 사회, 세상을 향해 질문한다. 토론이 끝나면 토론 내용을 활동 일지에 정리하고 주제도서 1에 대한 활동을 마무리한다. 주제도서 2도 마찬가지 방식(2시간의 독서시간 - 개인

의견 쓰기 – 모둠별 독서토론)으로 진행된다.

5단계: 통합토론 질문 만들고 개인별 글쓰기

영화와 두 권의 책을 읽고 토론하는 과정이 끝나면 세 작품을 하나로 묶는 통합토론 주제를 선정한다. 한 시간 동안 진행되는 활동인데, 여러 번 해도 여전히 어려운 과정인지 힘들어하는 모둠이 종종 있다. 그럴 때는 작품에 대한 전반적인 소감을 나누며 주요 인물, 사건, 내용 등에 대해 키워드를 중심으로 정리하게 한다. 마인드맵 등을 활용해 확장된 사고를 유도하거나 작품 내용과 자신의 삶이 연관되는 지점을 찾아볼 것을 권유한다.

토론 질문은 여섯 개 정도를 정한 뒤 선생님의 검사를 통해 최종적으로 네 개를 선정한다. 질문이 완성되면 토론 준비 활동에 들어간다. 활발한 토론을 위해서 주제에 따라 사전 조사가 필요한 내용이 있으면 미리 준비한다. 개인별 글쓰기를 통해 토론

선생님을 위한 도움말

교사가 아이들의 질문을 살펴본 후 크게 문제가 되는 내용이 아니라면 학생들이 정한 질문 중에서 토론하고 싶은 주제를 스스로 정하도록 한다. 아이들이 이야기하고 싶은 주제로 토론을 해야 훨씬 진지하고 의미 있는 시간이 만들어진다. 토론 주제 선정이 끝나면 아이들은 높은 산 정상에 오른 기분인지, 야호~ 환호성을 지를 정도로 기뻐한다.

질문 각각에 대한 자신의 생각을 글로 정리하는 것도 잊지 말자 (107쪽 붙임자료⑤ 참고).

학생들이 만든 통합토론 질문 예시

- **통합토론 주제** : 우리에게 필요한 이상한 생각들
- **주제영화** : 박광현 감독의 〈조작된 도시〉
- **주제도서** : 박지원의 『한 푼도 못 되는 그놈의 양반』, 오승현의 『이상한 나라의 이상한 생각들』
- **우리가 세상에 던지는 질문들** :
  1. 영화 〈조작된 도시〉에서 부유한 계층은 부모에게 물려받은 부로 자기 잘못을 덮고자 한다. 이렇게 부모의 사회적·경제적 지위가 대물림되는 것은 왜 문제가 될까?
  2. 주제영화와 주제도서의 일부 등장인물들은 타인의 의견에 무비판적으로 동조한다. 그렇다면 우리는 어떨 때 나의 의견을 펼치지 못할까?
  3. 주제도서 2 『이상한 나라의 이상한 생각들』에서 노동자들을 차별하는 이야기가 나오는데, 차별은 왜 문제가 될까?
  4. 영화 〈조작된 도시〉에서 용도사는 여러 기술이 있음에도 사회적 환경으로 인해 취직을 못 했다. 그렇다면 우리는 사회적인 환경이나 제약에 의해 자신의 꿈을 방해받은 적이 있는가?

6단계: **모둠별 주제 통합 독서토론**

토론은 두 시간 동안 진행한다. 모둠장은 토론을 이끌고 구성원들은 사진을 찍거나 활동 내용을 기록하는 등 자신이 맡은 역할을 수행한다. 토론 내용을 녹음할 때 토론 질문별로 담당자를 정해 녹음하면 녹취를 풀 때 한 사람에게 부담이 가중되는 것을 막을 수 있다. 독서토론 시 핸드폰 녹음 기능을 켜 놓은 상태로 핸드폰을 마이크처럼 사용한다. 발언권을 얻은 사람이 핸드폰을 들고 의견을 말하면 깨끗한 음질로 녹음되는 것은 물론이고 토론 분위기도 훨씬 정돈되고 긴장감이 유지된다.

7단계: **최종 보고서 작성**

보고서를 작성하여 제출하는 것으로 수업이 끝난다. 1학기와 마찬가지로 컴퓨터실에서 보고서 작성 방법에 대해 수업한 후 모둠별로 모여 보고서를 작성할 수 있게 시간(1시간)을 준다. 이 시간 이후에는 모둠별로 보고서를 보기 좋게 편집하고 2주 후 선생님의 이메일로 완성된 보고서를 제출한다.

독서토론, 이렇게 했어요 **주제 통합 독서토론 예시**

다음 대화문은 영화 〈조작된 도시〉, 도서 『한 푼도 못 되는 그놈의 양반』, 『이상한 나라의 이상한 생각들』을 읽고 학생들이 토론한 내용으로, 주제 통합 독서토론 과정을 이해하는 데 참고해 보자.

서윤 처음 주제를 선택했을 때 다들 호기심에 가득 찼던 거 기억나? '도대체 무슨 생각이기에 이상할까?' 했었잖아. 토론을 모두 마치고 난 지금은 이상한 생각이 무엇을 의미하는 것인지 다들 알게 되었지? 이제 우리가 해야 할 일은 우리 사회의 모순과 불합리에 대해 끊임없이 이상한 생각을 하는 거야. 우리 사회를 이끌어갈 주역인 우리가 끊임없이 이상한 생각을 가진다면, 우리 사회의 썩은 부분도 언젠가는 도려낼 수 있지 않을까?

미현 영화 〈조작된 도시〉는 주인공이 말도 안 되는 누명을 쓰고 살인범으로 몰리면서 겪는 일들이 담겨 있어. 정말 거짓말 같은 일들이 한 사람의 인생을 망치지. 우리가 알지 못하는 사회의 어두운 면이 잘 드러난 영화 같아. 결국 누명을 벗고 해피엔딩이 됐지만, 나는 애초에 누명을 쓰게 되는 상황 자체가 생기지 않아야 한다고 생각해.

희은 『한 푼도 못 되는 그놈의 양반』은 제목 그대로 박지원이 조선시대를 살아가면서 바라본 양반들의 모습이 고스란히 담겨 있어. 당시 양반들의 무지함을 풍자·비판하는 동시에 사회를 향한 날카로운 시선을 던지지. 책을 읽다 보면 웃게 되는 부분도 많은 한편 가난한 계층의 씁쓸한 현실도 보여. 다양한 생각을 하게 해 주지.

예원 이 책을 통해 하게 된 이상한 생각이 우리 사회의 잘못된 부분을 바꾸는 첫걸음이 되고, 온전히 자신만의 신념으로 올바른 가치를 추구할 수 있게 해 줄 거라 믿어. 책 속의 다양한 사례와 정확한 통계자료 및 연구 결과들은 우리가 제대로 된 이상한 생각을 하도록 도와줘서 사회에 대한 새로운 시각을 가질 수 있도록 해.

토론 주제 ❶

영화 〈조작된 도시〉에서 부유한 계층은 부모에게 물려받은 부로 자기 잘못을 덮고자 한다. 부모의 사회적·경제적 지위가 대물림되는 것은 왜 문제가 될까?

희은 우리는 항상 부모의 지위가 대물림되는 것이 문제라고 말하는데, 막상 왜 문제인지에 대해서는 얘기한 적이 없잖아. 이유를 안다면 옳지 않다고 말할 용기가 생기지 않을까?

유정 나는 '수저 계급론'을 먼저 얘기하고 싶어. 소위 말해 '금수저'라고 불리는 사람들이 있잖아. 경제적으로 부유하고, 사회적으로 높은 지위에 있는 사람일수록 더 어려운 사람을 도와야 한다고 생각해. 그런데 대부분은 자신의 사회적·경제적 지위가 높다는 사실에 자만하고, 자기보다 사회적·경제적 지위가 낮은 사람들을 무시하는 것 같아. 이런 사람들은 단지 부모의 지위를 물려받은 것밖에 한 게 없는데 말이야.

예원 맞아, 그런 사람들로 인해 상대적으로 사회적·경제적인 지위가 낮은 사람들이 위축되니까 사회의 통합이 이루어지지 않는 거지. 정말 자신이 노력해서 얻은 부와 권력이라면 노력에 따른 대가이기 때문에 인정하고 비교하지 않아. 하지만 대물림은 노력 없이 얻은 것이기 때문에 상대적 박탈감을 더 느끼게 한다고 생각해.

희은 내가 책에서 본 자료인데, 보통 부모의 높은 사회적·경제적 지위를 물려받은 자녀들의 30~40퍼센트는 부모보다 더 높은 지위를 가지게 된대. 반면 그렇지 못한 자녀들은 10퍼센트 미만의 사람만 부모보다 지위가 상승하고. 그러니까 대한민국은 '부익부 빈익빈', 다시 말해 빈부 격차가 심하다는 거야. 물론 빈부 격차는 자본주의 사회에서 자연스럽게 일어나는 현상이지. 하지만 줄이기 위한 노력을 안 한다는 건 문제야. 부유한 사람들은 자신이 불이익을 받을 수도 있으니까 그대로 방관하고, 가난한 사람들은 격차를 줄여보고 싶어도 그럴 힘이 없고. 참 안타까운 현실이지.

미현 맞아, 실질적으로 개선할 수 있는 방법이 없을까? 나는 경제적 지위는 부모의 부와 재산으로 결정되는 것이고, 사회적 지위는 교육적인 차이에서 결정된다고 생각해. 사회적 지위가 높은 사람들은 경제적으로 여유가 있기 때문에 교육 환경부터가 다르겠지. 예를 들어 똑같은 수업을 듣는다고 해도 지위가 높은 사람들은 자녀들을 더 좋은 학교에 보낼 거잖아.

서윤 사회가 어떻게 돌아가는 건지. 어떤 유치원에서는 아이들에게 살고 있는 아파트의 평수나 부모님이 소유한 자동차의 종류를 알아 오라는 숙제를 내줬대.

서윤 어린아이들에게 너무 일찍 패배감을 안겨 주는 게 아닌가 싶어. 이런 것들 때문에 유치원생들 사이에 벌써부터 왕따가 생긴대. 천진난만해야 할 어린아이들에게 왜 그런 시련과 아픔을 주는 걸까? 지금은 계급 차이가 없어진 것 같지만, 보이지 않는 차이는 항상 존재한다는 것이 안타까워.

예원 진짜 안타깝다. 현재 대한민국이 능력 중심 사회라고는 하지만, 능력이 있어도 자신이 물려받은 사회적·경제적 지위나 처한 환경에 따라 능력을 펼치지 못하는 경우가 많잖아. 똑같은 능력을 가지고 있다 하더라도 지위가 높은 부모의 자녀들은 그 경제력과 지위를 바탕으로 더 올라갈 수 있지만, 어려운 환경에 있는 부모의 자녀들은 기반으로 할 것이 없기 때문에 더 성공하기 어렵겠지. 이를 악물고 버티는 수밖에.

희은 맞아, 아무리 국가가 열악한 환경의 사람들을 위한 지원 정책을 펼치고 있다지만, 상황이 나아지지 않고 있잖아. 대물림 현상은 평범한 사람들이 능력을 펼칠 기회를 빼앗고, 정당한 사회가 형성되는 것을 막고 있어. 이제 대물림 현상이 왜 불합리한지 알았으니까 자신 있게 사회를 향해 '틀렸다'라고 외치자.

토론 주제 ❷

주제영화와 주제도서의 일부 등장인물들은 타인의 의견에 무비판적으로 동조한다. 그렇다면 우리는 어떨 때 개인의 의견을 펼치지 못할까?

희은 다수의 의견에 따라 개인의 의견을 펼치지 못하는 건 일상생활에서 흔히 겪는 일이지. 토론할 때도 가끔 다른 사람들의 의견을 따라가는 경우가 있는데, 그러면 토론이 제대로 이루어지지 않겠지? 우리는 자신의 의견을 솔직히 말하기로 약속하고 시작해 보자.

미현 나는 정말 다수의 의견에 잘 따르는 편이야. 의견을 조율할 때 힘 있고 영향력 있는 사람이 주장을 하면, 다른 의견을 내지 못하고 그냥 따르거든. 내 의견을 주장하려고 하면, 다른 사람들이 이상하게 볼까 봐 그 시선이 부담되어서 말을 못 할 때도 있어.

예원 나도 미현이의 말에 동감해. 같은 반끼리 어디를 놀러 가거나 무엇을 먹을 일이 있을 때 학급회의를 하잖아? 이때 다수의 의견이 한쪽으로 기울어지면, 내 의견은 반대여도 말을 잘 못 꺼내겠어. 다른 사람들의 시선을 의식해서 그런 점도 있고, 내가 다른 사람들에게 피해를 줄까 봐 걱정돼서 꺼리는 경우도 있어.

유정 맞아! 정말 다 똑같네. 다수가 의견을 조율해 갈 때 내 의견을 말하면, 대화의 분위기를 흐리고 방해하는 것 같아. 그리고 끝까지 내 의견만을 고집하다 보면 '내 의견 때문에 그동안 애들이 짜놓았던 것을 망치는 게 아닐까?' 하는 생각이 들면서 괜스레 미안해지기도 해.

서윤 어떤 의견을 말하든 정답만을 추구하는 사회적 분위기 때문에 의견이 조금 다른 사람이 있으면, 면박당하는 경우가 많아. 내가 의견을 낼 때도 그 의견을 반영하기는커녕, '네가 하는 말은 이 상황에 맞지 않아'라고 생각할까 봐 지레 겁부터 먹어.

미현 맞아, 몇몇 사람들은 의견을 조율할 때, 모두가 같은 생각을 가졌다고 생각해. 예를 들어 나무를 떠올릴 때도 각자 생각하는 게 다양하잖아? 그런데 그것을 하나로만 바라보도록 '나무는 그냥 나무 전체만을 의미해. 그러니까 너희들은 여기에 생각을 맞추어야 해'라는 식으로 강요하니까 사람들이 선뜻 나서지 못하는 상황이 벌어지지.

서윤 이런 현상을 줄이려면 개인의 의견을 무시하고 무조건적으로 틀렸다고 하기보다는, 그 사람의 의견을 존중해 주고 이해하려고 노력하면서 서로에게 좋은 방안을 찾는 게 나을 거야.

예원 다른 사람 앞에서 자신의 생각을 말하는 것을 두려워하지 말고, 당당하게 주장하는 게 중요해! 다른 사람의 의견을 무조건적으로 수용하기보다는, 정말 자신이 옳다고 생각하는지를 판단하고 행동하면 더 좋을 거야. 말은 쉽지만 행동으로 실천하는 게 정말 어렵지. 우리는 용기 있게 실천해 보자!

토론 주제 ❸

『이상한 나라의 이상한 생각들』에는 노동자들을 차별하는 이야기가 나온다. 차별은 왜 문제가 될까?

희은 『이상한 나라의 이상한 생각들』에서 노동자들을 차별하는 이야기가 나오잖아? 우리는 이에 대해 부당하다고 말하지만, 정작 그 이유는 잘 모르지. 그래서 이번에는 '차별은 왜 문제가 될까?'를 주제로 토론해 볼 거야.

미현 우리 주위에서 흔히 볼 수 있는 차별에는 근로자 차별, 장애인 차별, 남녀 차별이 있어. 솔직히 차별을 없애려 노력한다지만, 우리의 잘못된 고정관념이나 편견이 크게 자리를 잡아서 쉽게 개선되지는 않잖아. 나도 외국인 노동자를 보면 괜히 신기하면서 무섭고, 장애인들을 보면 도와줘야 한다는 생각이 들지만, 사실상 다가가기 어려워서 그냥 쳐다보기만 해.

유정 나도 그런 경우가 많아. 성소수자들에 대한 차별도 뿌리 깊은 것 같아. '사람은 여자와 남자만 사랑해야 해'라는 고정관념이 있으니까 남녀 간의 사랑이 아닌 경우에는 사랑을 이상하게 생각하잖아? 그냥 우리랑 조금 다른 건데 막 이상한 시선으로 쳐다보고, 나쁘게 말하지.

서윤 나는 외국인에 대한 차별에 주목해 봤어. 똑같은 외국인인데 백인과 흑인에 대한 시선이 달라. 백인을 비하하는 단어는 모르잖아. 근데 흑인 비하 단어는 너무 잘 알아. 우리끼리도 조금 피부색이 어두우면 흑인을 낮춰 부르는 말로 장난치잖아.

예원 생각해 보니까 진짜 그러네. 난 사용하지 않더라도 너무 많이 들어서 그런 단어들을 잘 알고 있어. 이런 걸 보면 우리가 받는 차별 인식 교육이 정말 도움이 안 된다고 생각해. 강당에서 아무리 교육해 봤자 다들 잘 듣지도 않고, 듣는다 해도 실질적으로 인식이 개선된 경우는 거의 없어.

유정 맞아! 차라리 학생들이 장애인이나 흑인들이 받는 차별과 소외감을 느낄 수 있는 영상을 보거나 직접 체험을 하면 좋겠어. 초등학생 때 직접 안대를 쓰고 시각장애인의 입장에서 바라보고, 휠체어를 타고 다니면서 다리가 불편하신 분들의 어려움을 생각할 기회가 있었는데, 정말 좋은 경험이었어!

희은 지난번에 어떤 뷔페에 갔는데, 외국인 노동자분들이 식사를 하고 계셨어. 거기 직원들은 손님을 동등하게 대우해야 하잖아? 그런데 막 쳐다보면서 웃고, 중간에 무슨 부탁할 게 있어서 직원을 불렀는데 되게 불친절하게 대하더라고. 오히려 내가 더 화나서 다시는 그 식당에 안 가겠다고 다짐했어.

유정 그냥 같은 사람으로서 존중하면 되는데, 상대방의 기분은 전혀 신경 안 쓰는 사람들이 너무 많아. 열여덟 살밖에 안 된 우리도 아는 사실을 모르는 어른들이 왜 이렇게 많은 걸까?

예원 그러게 말이야. 우리나라 사람이었으면 먹든 말든 신경도 안 쓰고 있었을 거잖아. 예전에 본 영화에서 한 흑인이 흑인들

중에는 성공한 사람이 랩을 잘하거나 농구를 잘하는 사람들 밖에 없다고 하면서 우는 장면이 있었어. 나는 무엇을 해야 사람들한테 사랑을 받을 수 있냐면서. 차별이 문제가 되는 이유는 사람이 사람답게 살 권리를 빼앗기기 때문이 아닐까?

미현 맞아, 인종 차별이나 장애인 차별 같은 경우에는 같은 사람으로서의 인격을 존중해 주는 것만으로도 많은 부당한 점을 줄일 수 있겠지. 정말 차별은 한 사람의 인생도 바꿀 수 있을 만큼 악영향을 주잖아. 꼭 인종 차별이나 장애인 차별, 성소수자 차별뿐만 아니라 남녀 간의 차별이나 차별받을 이유가 없는데도 일어나는 여러 가지 차별 모두 개인의 행복을 막고 있어.

서윤 세상에는 정말 사람을 억압하고 부당하게 대우하는 경우가 너무 많아. 우리가 요즘 법과 정치를 배우면서 평등의 개념에 대해서도 배우잖아. 나는 이번에 토론을 하면서 실질적인 평등이 얼마나 중요한지 깨달았어.

토론 주제 ❹

영화 〈조작된 도시〉에서 용도사는 여러 기술이 있음에도, 사회적 환경으로 인해 취직을 못 했다. 그렇다면 우리는 사회적인 환경이나 제약에 의해 자신의 꿈을 방해받은 적이 있는가?

희은 처음 이 주제를 정했을 때는 내 꿈에 대해서 방해받은 적이 없다고 생각했는데, 의견 정리지를 쓰다 보니까 나도 모르는 사이에 내 머릿속에 자리잡고 있는 생각들이 다 사회적 환경에서 비롯된 잘못된 생각이었다는 걸 알게 됐어.

미현 맞아! 나는 역사교육 전공으로 진로를 결정했는데, 한동안 사회가 혼란스러웠을 때 역사 교과서 국정화 문제로 진로에 위협을 느낀 적이 있었어. 한국사 교육과정의 문제도 그렇고. 나는 우리나라의 체계를 바로잡고 싶어서 역사를 전공하기로 했는데, 사회적 요인 때문에 꿈이 흔들리는 게 아프고 두려웠어.

희은 내 꿈은 외환 딜러야. 이 일은 경제와 관련해 높은 학력을 갖추어야 해. 게다가 자격증과 여러 가지 공부를 더 하려면 경제적 여유도 필요해. 관련 학과가 경쟁률은 세지만 들어간다고 해도 성공할 확률이 낮아서 내 꿈에 대해 확신이 잘 서지 않아.

예원 나는 교사가 되고 싶은데 아이들이 줄어드는 게 내 입장에서는 힘든 일이지. 미래에 사라질 직업의 순위를 보면 선생님이 상위권에 자리하더라고. 그리고 선생님이 되려면 임용고사를 봐야 하잖아. 다들 말하기를 재수, 삼수는 기본이라더라. 더 중요한 건 임용 시험 준비를 하려면 서울로 올라가서 학원을 다녀야 한대. 대학 졸업하고 공부를 계속해야 하는 것도 힘든데 비용도 만만치가 않아. 방 얻고 학원 다니는 데 드는 비용에, 생활비도 필요할 거고 말이야. 교사가 되기 위해 꼭 통과해야 하는 시험인데 준비하는 게 쉽지 않아 막막해.

유정 나도 너랑 비슷해. 내 꿈인 경찰이 되려면 시험에 합격해야 하는데, 혼자 하기 힘드니까 학원을 다녀야 할 것 같아. 또 2차 체력 시험을 위한 학원도 다녀야 해. 나도 예원이처럼 서울 가서 공부하려면 돈이 많이 필요할 것 같아.

희은 전문직은 대학 가서 공부하는 돈도 만만치 않은데, 시험을 여러 번 봐야 하니 경제적으로 어렵겠다.

서윤 내 경우는 경제적 제약보다는 사회적 환경의 제한을 받는 것 같아. 난 공연기획자가 꿈이야. 원래는 하우스 매니저라고 공연장의 관객들한테 안내하는 일을 하고 싶었는데, 부모님이 이 일을 좋아하지 않으셔서 찾은 진로가 공연기획자야. 사회적으로 각광받는 직업이 아니기 때문에 부모님이 마음에 안 들어 하시지.

희은 서윤이 말대로 직업을 결정할 때는 사회적, 경제적 제약도 많이 따르지만, 부모님의 의견도 중요한 요소로 작용하지. 나도 부모님 의견 따라 진로를 많이 바꾸었어.

미현 어느 집이나 다 그런가 봐. 나는 어렸을 때 소설 쓰는 걸 되게 좋아했어. 글을 쓰면서 살면 행복하게 살 수 있을 거라 생각했는데 부모님은 좋아하지 않으셨어. 더 안정적인 직업을 원하셨지. 공무원이 되라고 하셨어. 소설가보다는 안정적이니까. 부모님의 의견을 반영하면서 그나마 내가 좋아하는 진로를 결정한 게 바로 역사 교사야.

유정 사회적 환경을 기준으로 교육을 봤을 때 수준 높은 교육의 기회는 수도권에 집중되어 있잖아. 우리가 수도권 학생과 경쟁하는 데 불리할 수밖에 없지. 같은 꿈을 꾸고, 국가적으로 같은 시험을 봐야 하는 상황인데 말이야.

희은 맞아! 교육적인 차별이 없게만 해줘도 조금은 사회적인 제약에서 자유로워질 수 있지 않을까? 모두가 하고 싶은 일을 하고도 잘 먹고 잘 살 수 있도록 말이야.

예원 내가 진정으로 원하는 일을 선택해서 아무런 고민 없이 나아갈 수 있다면 얼마나 행복할까? 하고 싶은 일에 대한 능력이 있어도 사회적인 환경 때문에 못 한다는 건 정말 말이 안 돼. 능력이 있으면 하는 게 맞잖아. 하루 빨리 우리 사회 환경이 개선되면 좋겠어.

토론을 마무리하며

희은 함께 토론하면서 서로의 의견을 존중해 주고, 경청해 준 너희들에게 고마워. 내가 이 모둠의 구성원이어서 기뻐.

미현 교육제도나 사회적 요인으로 인해 내 꿈이 제약을 받는 것에 대해 생각해 보고 이야기를 나누다 보니 여러 가지를 배웠어. 앞으로 이런 생각들을 글로 표현해 보고, 계속 이야기를 나누는 것도 좋은 공부 방법이라고 생각해. 우리 자주 모여서 이런 깊은 이야기 나누자!

유정 좋아! 토론을 하면서 우리나라의 문제점을 찾아보고, 의견을 나누고 나름의 해결책도 제시해 보면서 우리가 한층 더 성숙해진 것 같아. 다들 그렇지? 의미 있는 시간을 보낸 것 같아서 정말 뿌듯해.

서윤 조선시대를 시작으로 현대 대한민국의 문제점까지 깊이 있게 토론하고, 내가 잘 이해 못 하는 부분을 너희들이 짚어주거나 정리해 줘서 고마웠어. 사회의 문제점을 해결할 수 있는 방법들을 앞으로 많이 찾아볼 거야. 함께할래?

예원 나도 이번 독서토론에서 가장 기억에 남는 건 토론하는 우리들의 모습이었어. 아무리 토론 수업이라지만 모두 열심히 하는 토론은 드물었거든. 우리가 토론하기 전에 게임을 하고 시작해서 그런가? 너희 덕분에 편안한 분위기에서 하고 싶은 말을 자유롭게 할 수 있었어. 정말 고마워.

3장

인생 독서토론

"고3이 되고 깜깜한 밤길을 혼자 걷는 것처럼
외롭고 두렵고 막막했어요.
우리 반에서 꿈이 비슷한 친구들과 함께 책을 읽고
인생 독서토론을 하는 시간이 한 번 두 번 쌓이고 나니,
이제는 친구와 함께 손을 잡고 등불을 들고
밤길을 걷는 것 같아요."

- 인생 독서토론 수업에 참여한 학생 후기

독서토론 수업을 종류별로 모두 경험해 본 아이들이 가장 좋아하는 수업이 인생 독서토론 수업이다. 다른 독서토론 수업보다 할 말이 넘쳐난다고들 한다. 인생의 길을 찾고 고민하는 과정을 친구와 함께하니 든든해서가 아닐까? 자신과 꿈이 비슷한 친구를 찾고, 같이 책을 읽고 마음을 나눈다. 어떤 삶과 사회와 일을 원하는지 머리를 맞대고 이야기를 풀어낸다. 꿈이 비슷한 친구와 나누는 독서토론은 이야깃거리가 무궁무진하고, 인생의 친구를 얻는 기회를 준다.

인생 독서토론이란

인생 독서토론은 학생들이 각자 희망하는 진로 분야별로 모둠을 나누고 독서토론을 진행하는 수업이다. 진로 독서토론이라고 하면 한번에 이해되겠지만, 참신한 이름에 참신한 내용이 깃든다는 생각으로 만든 이름이다. 인생 독서토론 수업은 2학년 2학기, 3학년 1학기에 주 1회 수업해 9주간 진행했다. 진행 과정은 한 권 읽고 독서토론과 거의 비슷하다.

고등학교에 근무하면서 아이들을 만나 보면 고등학교 1학년 때부터 진로가 명확한 학생은 한 학급에 다섯 명 정도이다. 2학년 생활을 하면서 절반 정도, 3학년이 되면 대부분이 진로를 정한다.

고등학교 2학년 2학기에 접어들면, 진로에 대한 아이들의 생각이 깊어지고 고민도 많아진다. 그래서 이즈음에 인생의 길을 친구와 함께 고민하고 모색하는 독서토론이 필요하다. 인생 독서토론 수업을 시작하기 전에 이러한 사항을 당부했다.

> "우리가 어떤 일을 하면서 살든 세상에서 그 일만 홀로 존재하지 않아요. 조금만 생각해 보면 세상 모든 일이 이어져 있음을 금세 알 수 있어요. 내가 병원에 근무한다고 가정해 볼까요. 병원에는 삶과 죽음도 있고, 사회의 복지 제도, 노인 문제, 병원 노동자들의 근무 환경, 환자의 인권 등 세상의 많은 것이 담겨 있지요. 그러니 여러분은 인생 독서토론을 통해서 내가 가고자 하는 길이 이 세상과 어떻게 연결되어 있고, 나의 인생에 어떤 의미가 있는지

성찰해야 하겠지요. 관심 분야의 지식을 쌓고 정보를 교환하기 위한 토론이 아님을 생각하고 시작해봅시다."

그래서 특정 직업을 탐구하는 책을 권하기보다는 일과 세상 그리고 자신의 삶을 유기적으로 연관 지어서 성찰할 수 있는 책을 선정하도록 지도했다.

개인 진로독서 수업을 하지 않고 독서토론 수업을 고집한 이유는 아이들이 성장해서 어른이 되어 일할 때도 홀로가 아니라 함께 일한다는 사실을 알려주고 싶어서였다. 비슷한 분야의 진로를 희망하는 아이들을 모둠으로 묶어서 서로를 이해하고 협력하면서 타인과 세계를 끈으로 이어나가는 것이 우리 인생 독서토론 수업이 지향하는 바이다.

1단계: **진로희망 조사하고 모둠 정하기**

학생들의 진로희망을 받는다. 학과명, 직업명, 분야도 좋고, 살고 싶은 인생의 방향, 중요한 가치, 모두 좋다고 미리 말한다. 진로희망 조사 양식(77쪽)에 개인별로 적어서 제출한다.

그러면 교사는 도서관 모둠 테이블에 나름대로 공통점이 있는 진로를 묶어서 분류하고, 학생들에게 직접 보면서 검토하도록 한다. 모둠을 옮기고 싶은 학생은 옮길 수 있도록 한다. 희망 진로는 '교육'이어서 교육 모둠에 넣었는데, 막상 학생은 과학 교육

| 진로희망 조사 양식 예시 |

2017년 2학기 인생 독서토론 모둠 편성을 위한 예비 조사

학번 : 이름 :

1. 내가 걷고 싶은 인생의 길은 어떤 분야, 어떤 방향, 어떤 모습인가요?
   (대학 진학 학과, 희망 직업, 살고 싶은 인생의 방향, 중요한 가치 등 무엇이나 좋음)

전공을 희망해서 과학 쪽으로 옮기고 싶다는 경우도 있어서이다. 간혹 피하고 싶은 친구가 있는 경우에도 원하는 대로 바꿀 수 있도록 했다. 이것 또한 관계를 바탕으로 하고, 관계를 형성하면서 이루어야 하는 일이기에, 개인의 의사를 존중해 준다는 의미도 있다. 책 읽기 활동에 '자발성과 선택'은 필수다. 일방적으로 모둠을 편성해 준다든가, 책을 선정해 주면 어느 단계에서든 꼭 부작용이 났다. 어느 정도 범위를 정하고, 그 안에서 학생들이 자발적으로 선택하도록 유도하는 것이 학생들의 의욕을 불러일으킬 수 있다.

첫 번째 시간을 통해서 대략 다음과 같은 분류가 정해진다. 자연 계열 학급은 경찰, 보건 의료, 공학, 동물, 생명, 예술, 화학 등 주제별로 3~5인 모둠을 구성했다. 인문 계열 학급은 심리, 공연 예술, 국제, 교육, 문화·방송, 사회복지, 공공서비스의 주제로 모둠을 나누었다. 본인들이 원하는 경우에 3인 모둠까지 허용하고 1~2인 모둠은 만들어지지 않도록 유도했는데, 나름의 이유가 있다. 2017년 1학기에 3학년 인생 독서토론 수업을 할 때 굳이 2인 모둠을 고집하는 친구들이 있어서 허용해 주었는데, 2인의 함께 읽기 과정은 싱거웠고 흥이 나지 않았다.

2단계: 분야별 주제도서 고르기

첫 번째 시간 이후에 교사가 할 일은 주제에 적절한 후보 도서들을 도서관에 며칠 동안 전시하는 것이다. 분야별 후보 도서를 선정하는 일은 국어과 교사들 또는 도서관 선생님의 도움이 필요하다. 두 번째 시간에는 학생들이 모둠원들과 후보 도서들을 검토하면서, 주제도서를 선정한다. 2017년 1학기 3학년 수업 때는 주제도서를 도서관에서 자유롭게 고르도록 했는데, 진행이 매끄럽지 않은 모둠들이 있었다. 자신들이 읽기에는 수준이 너무 높은 책을 고르는 모둠이 꽤 많았다. 읽기 힘든 책을 구입해 와서, 마주 앉아 한숨만 쉬거나 함께 꾸벅꾸벅 조는 경우도 있었다. 주제도서를 바꾸는 게 어떻겠냐고 권해도, 이미 구입한 책에 애착이 생겨 바꾸려 하지 않아서 애를 먹었다. 물론 수업이 아니라면 이런 실패도 귀중한 독서 경험이 되겠지만, 독서토론 수업은 전체적으로 호흡을 맞춰서 진행해야 하기 때문에 난감했다. 다음은 모둠별로 진지한 회의와 검토, 교사와의 상의를 통해서 결정된 주제도서이다.

| 인생 독서토론 주제도서 예시① 2학년 자연계열 학급 |

진로 희망	주제도서	인원	명단
경찰	소수의견(손아람)	3	
보건·의료	도시에서 죽는다는 것(김형숙)	5	
공학	우리는 플라스틱 없이 살기로 했다(산드라 크라우트바슐)	5	
동물	유쾌한 수의사의 동물병원 24시(박대곤)	3	
생명	하리하라의 몸 이야기(이은희)	5	
예술	Do it, 그냥 해봐!(솔루션스)	5	
화학 1	화장품, 얼굴에 독을 발라라(오자와 다카하루)	3	
화학 2	화학에서 인생을 배우다(황영애)	4	

| 인생 독서토론 주제도서 예시② 2학년 인문계열 학급 |

분야	주제도서	인원	명단
심리	미움받을 용기(기시미 이치로, 고가 후미타케)	4	
공연예술	공연예술의 꽃, 뮤지컬 A to Z(한소영)	5	
국제	너의 눈에서 희망을 본다(최민석)	4	
교육	위대한 감시 학교(로렌 매클로플린)	4	
문화·방송	10대와 통하는 미디어(손석춘)	5	
사회복지	국경 없는 의사회(데이비드 몰리)	4	
공공서비스	세상을 바꾸는 힘(조영선 외)	4	

뜻밖에도 이 시간에 정한 주제도서 제목을 다음 주에 잊어버리는 아이들도 있다. 책을 준비하는 기간이 임박해서야 서점에서 책을 주문하느라고 바쁘다. 심지어 모둠원이 서로의 존재를 잊기도 한다. 아마 학교생활이 바쁘고 기억할 게 많아서이지 싶다. 그래서 곧바로 계획서가 포함된 모둠 파일철을 작성하도록 한다.

모둠의 이름을 정하면서 서로 친해지고 소속감을 가지도록 하고, 주제도서 제목도 적으면서 자신이 선택한 주제도서를 기억할 수 있게 한다. 과정에서의 역할과 보고서 작성할 때의 역할도 정하도록 한다. 역할 분담은 누구도 구경꾼으로 만들지 않겠다는 약속이고, 소외된 친구 없이 협력할 수 있도록 하기 위한 장치이다.[2]

3단계: **모둠별 책 읽기**

책 읽기 시간은 2주 정도 잡는다. 40분 동안 집중해서 읽도록 하고, 남은 10분 동안 읽은 부분에 대한 감상을 나누고, 일지를 작성하고, 사진도 찍도록 한다(105쪽 붙임자료③ 참고). 매시간 일지를 작성하는 것은 제법 긴 기간이 걸리는 이 독서토론 활동을 꾸준하게 유지하는 비법이다. 학생들도 자신의 성실한 노력이 눈에 보일 수 있으면, 지치지 않고 뿌듯함을 느끼며 열심히 한다. 그래

2 모둠 계획서를 작성하는 시기부터 보고서를 제출할 때까지의 과정은 앞서 소개한 한 권 읽고 독서토론 수업을 참고하면 된다.

 선생님을 위한 도움말

계획서에 진행 일정을 구체적인 날짜까지 적어서 제시한다. 학년 전체가 이 일정에 맞추어서 진행하기 때문에 천재지변의 이유가 아니라면 계획대로 진행한다. 이러한 과정에서 학생들이 수행평가, 정기고사 등을 이유로 일정을 늦춰주기를 부탁하는 난감한 상황을 교사라면 너무 잘 알 것이다. 정확한 일정을 제시하면 이것이 추진 과정에 '법적 근거'가 되어 교사가 상처받을 일이 줄어든다.

서 매시간 일지를 작성할 시간과 사진 찍을 시간을 준다. 작성한 일지에는 간단한 조언 및 응원의 말을 써주기도 하고, 예쁜 도장을 찍어주거나, 스티커를 붙여주기도 한다. 고등학생들도 이 유치한 반응을 사랑으로 받아주고, 더욱 열심히 한다.

네 번째 시간에는 이번 주가 책 읽는 마지막 주임을 공지하고, 모둠의 알리미 학생을 통해 모둠원에게 정확하게 알리도록 한다. "다음 주 이 시간에는 주제도서에 대해서 개인 글쓰기를 진행합니다"라고.

4단계: 개인 의견 정리지 작성

다섯 번째 시간에 개인 글쓰기를 한다. 글의 내용은 주제도서에 대해서 토론하고 싶은 질문과 이에 대한 자신의 의견이다. 학생들은 대체로 미리 작성해 보고 오는데, 손으로 쓴 메모를 가져와도 된다.

한 모둠의 주제는 '의료'로, 이 모둠은 『도시에서 죽는다는 것

(김형숙 지음, 뜨인돌, 2017)』을 읽었다. 신하정 학생은 '중환자실의 연명 치료의 의미는 무엇인가?'라는 질문을 정하고, 인생의 마지막 이별을 아름답게 할 수 있는 사회적 성찰이 필요하다는 내용의 글을 썼다. 아래에 학생이 쓴 개인 글쓰기 예시를 살펴보자.

신하정 학생이 쓴 개인 글쓰기 예시

중환자실이라는 공간은 사람들에게 어떻게 생각되고 있을까. 우리가 생각하는 중환자실은 병원에서 가장 분주하게 돌아가며 생사를 결정하는 경계에 있는 곳, 긴박함을 알리는 사이렌이 울려대며 생사의 갈림길에서 충격적인 일들이 가득한 곳, 죽음이 가장 흔하게 존재하는 곳임에도 사람들이 죽음을 가장 두려워하는 곳이다. 환자의 죽음을 받아들이지 못하는 울음들로 가득 차 있어서 죽음을 긍정적으로 받아들이기 어려운 곳이기도 하다. 그곳에는 인공호흡기로 간신히 숨을 쉬는 사람들과 손가락 굵기만큼이나 굵은 플라스틱 관을 목구멍 속으로 밀어 넣고 스스로 움직일 수도, 말을 할 수도 없는 사람들이 대부분이다. 본능적인 공포감으로 반사적으로 보이는 몸짓을 막기 위해 환자의 양손을 묶기도 한다. 그곳에 있는 의료진은 죽음을 반대하는 입장에 서서 죽음을 막기 위해 필사적으로 노력하는 것처럼 보인다.

병원에서 죽음에 이른 사람들의 마무리는 나의 마음을 불편하게 했다. 죽음에 이르기까지 고통스러운 연명 치료를 받으며 사랑하는 사람들과 작별인사조차 하지 못했을 것이다. 생명 연장 및 특정한 치료 동의 여부에 대한 의사를 서면으로 밝히는 사전 의료 의향서와 사전 의료 지시서, 심폐소생술 거부 동의를 위한 DNR 동의서와 같은 문서의 존재가 가족과 환자들에게 얼마나 많은 마음의 짐을 지우고 있을까. 한 환자에게 병원에서 극심한 공포심과 고통을 겪게 하다가 결국 동의서의 동의 여부에 따라 죽음이 정해진다는 사실에 가족들은 혼란스러울지 모른다. 그래서 이런 절차들은 죽음에 이르는 과정을 너무 형식적으로 만들곤 한다. 삶의 마지막에 의미 없이 행해지는 심폐소생술이 환자의 고통을 덜어주거나 잘 이별하기 위한 일은 아닐 것이다.
대부분의 중환자실에서 이루어지고 있는 연명 치료가 환자의 입장에서 이루어지고 있을까. 그것이 인간의 삶을 마무리하는 최선의 방법일까. 연명 치료가 환자의 희망과 행복에 미치는 영향이 무엇인지, 이 세상과의 아름다운 마무리에 어울리는 일인지에 대해 개인적인 성찰이 아니라 사회적 성찰이 필요하다고 생각한다.

5단계: **토론 질문 만들고 개인별 글쓰기**

여섯 번째 시간, 독서토론 주제를 선정한다. 학생들은 토론 질문 여섯 개를 선정해서 선생님과 의논한 뒤 최종적으로 네 개의 토론 질문을 정한다. 학생들은 네 개의 질문에 대한 자신의 생각을 써서 과제로 제출한다. 학생들이 자신의 생각을 미리 정리해 본 후에 독서토론을 하면 훨씬 알맹이 있는 토론이 이루어지기 때문이다. 토론 주제를 정하는 한 시간에 이미 대략적인 독서토론이 이루어진다. 학생들이 『82년생 김지영(조남주 지음, 민음사, 2016)』을 읽고 만든 토론 질문 예시를 살펴보자.

『82년생 김지영』을 읽고 학생들이 만든 질문

- 부당한 상황에서 목소리를 내어 사회를 변화시킨 사례를 찾아보고 그에 따른 생각의 변화를 이야기해 보자.

- 요즘 사회적으로 논란이 되는 역차별 문제를 어떻게 생각하는가?
- 안정된 직업만을 추구하는 사회 분위기와 다른 길을 택한 우리들, 그 이유는?
- 우리 주변에서 빈번하게 일어나지만 잘 의식하지 못하는 여성차별, 어떤 것이 있을까? 의식의 변화를 끌어내기 위해서 우린 무엇을 해야 할까?

6단계: **모둠별 독서토론**

일곱 번째 시간, 지난주에 선정한 네 개의 독서토론 질문에 관해서 토론한다. 일단 핸드폰을 마이크처럼 쓰면서 대화를 진행하고, 도서관 내에서 토론 장소 이동은 자유롭게 하도록 한다. 미리 자신의 생각을 글로 써봤기 때문에 모두 할 말이 있는 상태로 모이며 대체로 원활한 진행이 이루어진다.

7단계: **최종 보고서 작성**

여덟 번째~아홉 번째 시간, 보고서를 작성한다. 한 시간은 컴퓨터실에서 수업을 진행한다. 모둠별로 모여 앉아서 소제목을 정하기도 하고, 사진을 고르기도 하고, 보기 좋게 편집도 한다. 그리고 드디어 긴 시간이 오롯이 담긴 보고서를 제출한다.

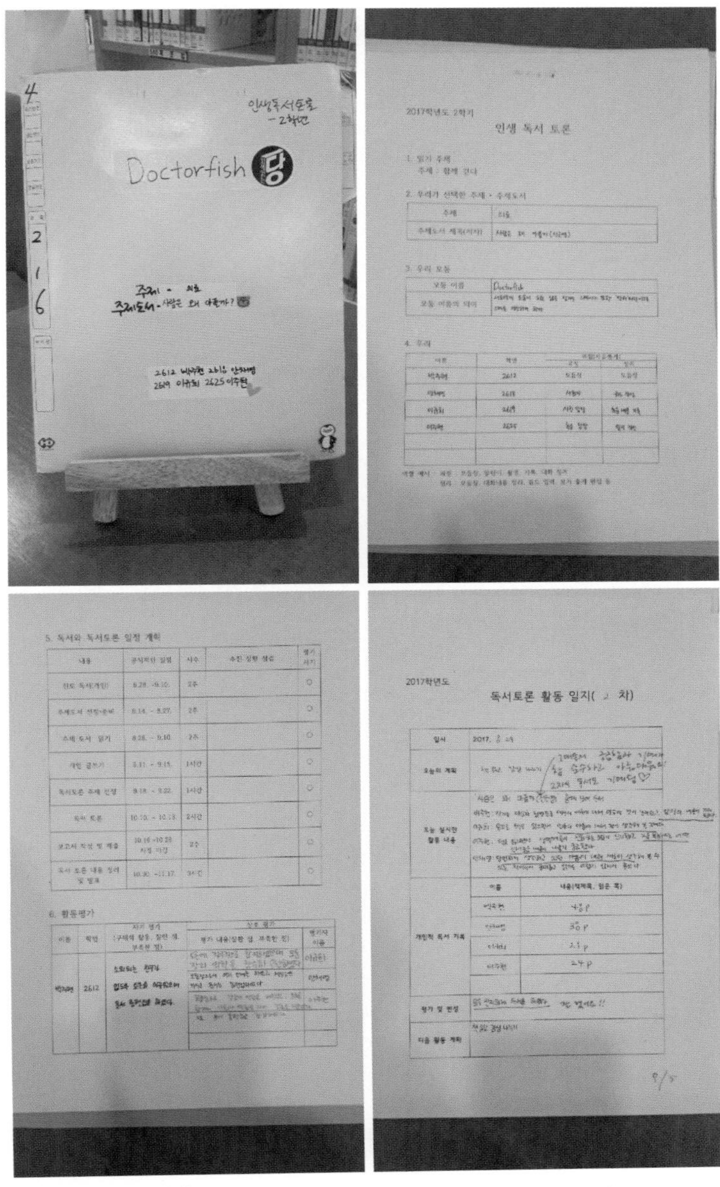
인생독서토론 - 2학년
Doctorfish
2017학년도 2학기
인생 독서 토론
5. 독서와 독서토론 일정 계획
6. 활동평가
2017학년도
독서토론 활동 일지(2 차)

인생 독서토론 활동 일지

독서토론, 이렇게 했어요 **인생 독서토론 예시**

다음 대화문은 『82년생 김지영』을 읽고 학생들이 토론한 내용으로, 인생 독서토론 과정을 이해하는 데 참고해 보자.

나영 공감도 되고 책을 덮을 때까지 여러 가지 복잡한 심경이 들었어. 남녀 불문하고 많은 사람이 이 책을 꼭 읽어 봤으면 좋겠어.

유진 전부터 읽고 싶었던 터라 너희들이 제안했을 때부터 설레었어. 책을 읽으면서 공감도 되고 내가 겪어보지 못한 부분에 대해서는 '앞으로 나도 저런 일을 겪을 수도 있겠다'라는 걱정도 들었어. 그와 동시에 부당한 상황에서 김지영 씨를 돕고, 자신을 지키기 위해 노력했던 여성들처럼 나도 목소리를 낼 수 있을지 고민해 보는 계기가 되었어.

가은 서점 베스트셀러 진열대에 놓여 있어서 꼭 한번 읽어보고 싶었는데, 함께 꿈을 고민하는 너희들과 읽어서 더 뜻깊었어. 장별로 다시 읽고 주제를 선정하는 과정에서 서로 공감하는 모습이 아직도 생생해. 결코 누군가만의 이야기가 아닌, 누구나 겪을 수 있는 이야기인 거지. 생각해 보니 우리 어머니 성함도 김지영이네!

수연 유명한 소설이라 이야기가 어떻게 전개될지 궁금해하며 책을 펼쳤는데 문체가 화려하지도, 기발한 상상력이 담긴 내용도 아니어서 의외였어. 하지만 그럼에도 책을 읽는 내내 몰입해서 읽었지. 통쾌한 결말이 있진 않았지만 책을 덮은 후 여러 가지 생각을 하게 됐어.

토론 주제 ❶

부당한 상황에서 목소리를 내어 사회를 변화시킨 사례를 찾아보고, 그에 따른 생각의 변화를 이야기해 보자.

유진 1학기 주제통합 독서토론 때 〈사막의 꽃〉이라는 영화를 봤어. '와리스 디리'라는 패션모델이자 인권 운동가인 실존 여성의 이야기지. 그녀는 자신의 조국인 소말리아의 '할례'라는 참혹한 전통을 세상에 고백했어. 이는 여성으로서도, 소말리아인으로서도 엄청난 고민과 결단이 필요한 일이었지. '할례'라는 관습은 완전히 사라지진 않았지만 그녀는 지금도 여성들의 인권 신장을 위해 노력 중이라고 해. "인생의 가장 가치 있는 재산은 인생 그 자체이고, 그다음은 건강이다."라는 그녀의 말은 내 뇌리에 박혔어. 인생의 가치 있는 재산을 충분히 갖고 있는데도 더 원하고 손해 보지 않기 위해 계산하며 살았던 나에게 가치 있는 삶이란 무엇인지 의문을 던졌지. 그녀가 보여준 용기와 현실의 어려움을 극복해 가는 자세는 내 삶의 귀감이자 어려움을 헤쳐 나갈 원동력이 될 거라 생각해.

나영 〈서프러제트〉라는 영국의 여성 참정권 운동을 그린 영화가 있어. 난 투표권은 누구나 모두, 당연히 가지고 있는 거라고 생각했거든. 그런데 여성이 투표권을 가진 지 채 100년도 되지 않은 세상에 내가 살고 있더라고. 여성의 참정권을 위해 싸웠던 과거가 없었다면 아마 지금도 여성이라는 이유로 투표권이 없는 시대에 살 거야. 나도 곧 투표권을 가지게 되는데, 이 권리를 위해서 싸웠던 그분들에게 감사하며 꼭 투표해야겠다는 생각을 했어.

수연 얼마 전 신문을 보니, 국무회의에서 '몰카'라고 불려온 성범죄를 '불법 촬영'이라는 용어로 바꾸기로 했다는 기사가 있더라. 그간 '몰카'라는 표현이 '범죄 의식을 약화시킨다, 너무 가벼운 호칭이다'라며 바꿔야 한다는 지적이 계속 있었대. 기사를 읽고서야 비로소 명칭에 문제가 있다는 생각을 하게 되었어. 과연 그것에 대해 얘기하는 목소리가 없었다면 대다수 사람들이 문제의식 없이 사용해 왔던 명칭이 바뀔 수 있었을까? 사소한 것이라도 문제가 있다면 목소리를 내는 게 옳다고 생각했어.

토론 주제 ❷

요즘 사회적으로 논란이 되고 있는 역차별 문제에 대해 어떻게 생각하는가?

나영 요즘 역차별 이야기가 많이 나오고 사회적으로 쟁점이 되고 있잖아. 여성이다 보니까 여성 문제에 관심이 가는데 특히 '여성 징병제'에 대해서 놀랐던 기억이 있어. 사회 진출이 어렵고 승진에서 제외되고 출산에, 혼자만 하는 육아에 이르기까지 여성에게 이 사회는 너무나도 각박하잖아. 심지어 성별에 따라 임금 격차도 심하고. 그런데 여성에게 군대까지 가라고 하다니, 사회적으로 평등한 사회가 먼저 이루어지지 않는다면 여성이 군대에 갈 이유도 없지 않을까 싶어.

수연 경찰, 소방관, 직업 군인 등을 선발할 때 여자와 남자의 선발 기준이 다른데, 같은 기준으로 선발하라고 주장하는 남자들이 많더라. 그렇게 하면 자신들이 더 많이 붙을 거라고 안일하게 생각하는 것 같아 조금 불편해. 선발 기준에 차이를 둔다고는 하지만 이 직업들은 여성 채용 비율이 현저하게 낮기 때문에 현재도 여성 준비생들이 남성 준비생들에 비해 훨씬 치열하게 경쟁하고 있거든.

가은 현재는 『82년생 김지영』에서 주인공이 겪었던 사회보다는 여성을 위한 정책이 많이 생겨나고 있잖아. 그러다 보니까 오히려 남성들이 역차별당하는 문제도 생기는 것 같아. 최근 여성 전용 주차장과 같이 여성만 사용할 수 있는 시설들이 생겨나면서 남성들이 불만을 토로하지. 그리고 항상 역차별 논란이 일면 나오는 게 군대 얘기야. 왜 남성만 국방의 의무를 져야 하는가에 대해 청와대 국민청원 시스템에까지 의견이 올라왔다고 해. 이 청원을 두고 인터넷에서 남녀 성 대결 양상이 빚어지기도 했지. 적극적 우대 정책은 오랫동안 차별당한 집단에 대해 그 사회가 최소한의 것을 배려해 주는 의미라고 생각해. 남자와 여자가 서로의 다름을 인정하고 이해하면서 적절한 방안을 찾아가는 것이 중요할 거야.

유진 너희들 말처럼 성(性)으로 인한 역차별은 계속 논란이 되고 있지. 최근 여성 전용 칸, 여성 전용 도로, 여성 안심 택배와 같은 여성 전용 시설이 늘어나고 있는 추세잖아. 나는 아직 우리 사회에서 남성보다 여성이 차별받고 위험을 감수해야 하는 경우가 더 많다고 생각해. 이러한 성차별과 위험을 완화하기 위해서 여성에게 혜택을 부과하는 것은 허용할 수 있어. 하지만 이러한 혜택으로 인해 또 다른 성차별이 유발되거나, 개인 능력의 차이를 '여자라서'라는 성의 차이로 둔갑시켜 혜택을 받으려 한다면 그건 사라져야 한다고 봐. 확실한 건 여성과 남성을 넘어서 우리 모두의 화합과 평등을 추구해야 한다는 거지.

토론 주제 ❸

안정된 직업만을 추구하는 사회 분위기와 다른 방향의 길을 택한 우리들, 그 이유는?

나영 나는 영화기획자를 희망해. 다들 안정된 직장이 아닐 텐데 괜찮겠냐고 물어보지만, 난 영화가 가진 힘을 믿어. 영화는 우리가 살아가는 세상이라고 생각해. 내가 만든 콘텐츠가 세상을 변화시키는 모습을 보게 된다면 정말 행복할 것 같아.

수연 어릴 때 글 쓰는 걸 좋아했고 평소 영화나 드라마, 연극, 뮤지컬에 관심이 있어서 자연스럽게 작가를 꿈꾸게 되었어. 하지만 작가는 수입이 고정적이지 않은 데다가 타고난 재능이 있어야 해. 내가 이 직업을 희망해도 되나 하는 고민을 많이 했지. 아직도 계속 고민 중이지만 더 많이 읽고 또 직접 쓰면서 타인에게 내 글을 평가받아 볼 거야. 지금까지는 그저 알아보는 데 그쳤던 여러 공모전에 출품도 하면서 꿈을 위해 도전할 거야.

가은 '김지영' 씨의 언니인 '김은영' 씨는 본인의 꿈인 PD를 포기하고 안정적인 교대로 진학하잖아. 난 그 부분을 읽으면서 나와 연관 지어 생각하게 됐어. 내가 원하는 직업은 기자야. 기자는 신문이나 방송에 실을 기사를 취재하기 위해 밤낮으로 뛰어다니지. 생활이 불규칙하고 안정적이지 못한 탓에 주변 사람들은 나에게 다른 직업을 생각해 보는 것이 어떠냐고 충고했어. 부모님도 안정적인 공무원이나 교사를 추천하셨거든. 지난 몇 년간 뚜렷한 목표가 없을 땐 주변의 말에 솔깃했던 게 사실이야. 하지만 나의 관심 분야와 원하는 미래가 생기면서 안정보다는 하고 싶은 일을 하겠다는 의지가 더 커졌어. 비록 그 일이 힘들고 고될지라도 처음으로 간절히 하고 싶은 것이 생긴 나는 내 꿈을 위해 현재 하는 일에 최선을 다하고 싶어. 후회 없는 선택이 되도록!

유진 가은이의 말처럼 책 속에서 '김지영' 씨의 언니는 본인이 원하는 직업이 아닌 어머니가 권하던 직업을 선택했지. 나도 비슷한 고민을 한 적 있어서 그 고민이 이해가 가. 하지만 난 내가 원하는 길을 찾아 나서려고 해. 나의 꿈은 번역가야. 처음에는 영어라는 언어와 프리랜서라는 점에 끌렸지만 고등학교에서 다양한 동아리 활동과 독서를 하면서 확신을 갖게 되었어. 번역가는 그리 전망 좋은 직업이 아니야. 거기다 영어 잘하는 사람은 넘쳐나지. 이런 사실이 날 주눅 들게 하고 사기를 떨어뜨릴 때도 있어. 그래도 나의 결정에 후회는 없어. 앞으로 많은 어려움이 있겠지만 그것은 다른 진로를 선택했을 때도 마찬가지일 거야. 어려움과 고통을 나를 강하게 단련시키는 무기로 삼고, 내가 맞닥뜨릴 운명에 당당히 맞서며 한 발짝씩 꿈을 좇을 거야. 우리는 모두 꿈과 현실 사이에서 꿈을 선택했어. 훗날 우리 모두 지금의 선택에 만족하는 삶을 살기를 바랄게!

토론 주제 ❹

우리 주변에서 빈번하게 일어나지만 잘 의식하지 못하는 여성차별, 어떤 것이 있을까? 의식의 변화를 끌어내기 위해서 우린 무엇을 해야 할까?

유진 청소나 요리 같은 가사는 아직까지도 성차별이 자연스레 일어나는 분야야. 차례 지내러 친척집에 모이면 늘 남자들은 앉아서 이야기를 나누지만 여자들은 모두 주방에서 요리하고 음식을 나르고, 남자들이 음식을 먹고 난 후에야 밥을 먹기 시작하며 설거지까지 도맡아 하지. 내가 다니는 교회에서도 청소와 요리를 맡아서 하는 분은 모두 여자야. 이걸 당연하게 생각하고, 남성들이 청소와 요리를 하는 것은 '같이 하다'의 개념이 아닌, '돕다'의 개념이 되어버렸어. 가만히 있으면 성차별적인 관습은 계속될 거야. 모든 성이 평등한, 모두 동등한 대우를 받는 사회는 우리 스스로 만들어 가야 하는 것 아닐까?

나영 우리 주변에서 빈번하게 일어나는 여성 차별을 가장 자주 접하게 되는 곳이 미디어인 것 같아. 여성을 성적 대상화하고 여성 혐오적인 발언을 쏟아내. 미디어는 강력한 영향력으로 사람들의 머릿속에 잘못된 생각을 주입하지. 인식 변화를 위해서는 미디어가 쏟아내는 정보들을 무조건 받아들이지 말아야 하고, 미디어가 우리 사회에 어떤 영향을 끼치게 될 것인지 많이 고민해야겠지.

수연 여배우와 남배우, 여교사와 남교사, 여의사와 남의사. 어느 한쪽은 자연스럽고 어느 한쪽은 왠지 어색하지? 평소 여○○은 잘 쓰면서 남○○이라는 말은 잘 안 쓰니까. 인터넷에서 읽은 건데, 한컴에 여교사를 썼을 땐 빨간 밑줄이 안 생겼는데 남교사라고 쓰니 빨간 밑줄이 생기더래. 그래서 직접 단어 사전을 켜 놓고 검색해 봤어. 그나마 여배우, 남배우는 둘 다 등재되어 있지만 고등학교, 교사, 의사는 여자가 붙은 쪽만 나오고 남자를 붙인 쪽은 나오지 않더라. 인간의 기본값이 남자야? 웃기기도 하고 당황스럽기도 했어. '옛날부터 그랬으니까'라는 말로 넘어가기엔 세상이 많이 변했잖아. 그게 차별임을 인식하는 사람들이 먼저 이런 단어의 사용을 경계하다 보면 개선되는 날이 오지 않을까?

가은 초등학교 때 번호를 남자부터 1번을 부여했어. 너희도 그렇지 않니? 그땐 이상하다는 걸 못 느꼈는데, 생각해 보면 이 역시 차별이야. 또 수연이 말처럼 남자 학교에는 '남'이란 말이 붙지 않는데, 여자 중고등학교에만 '○○여자 중고등학교'처럼 여자라는 단어가 붙어. 우리 학교도 그렇고. 우리와 가장 밀접한 학교 이름에서부터 알게 모르게 차별이 있는 거지. 차별은 사람들의 잘못된 인식에서 시작되니까 사회적 정책과 더불어 교육을 통한 인식의 전환이 필요하다고 생각해.

토론을 마무리하며

가은 난 이번 토론을 통해 여성에 대한 생각뿐만 아니라 꿈 이야기까지 폭넓게 의견을 나눈 것 같아. 꿈과 현실 사이에서 고군분투하는 우리들, 응원해!

나영 이번 인생 독서토론은 나의 진로를 더 많이 생각하는 계기가 되었어. 예전엔 뚜렷한 목표 없이 막연하게 뭐가 되고 싶다고만 생각했거든.

수연 주제도서를 혼자 읽었으면 책을 읽으며 느낀 답답함이 쉽게 풀리지 않았을 것 같아. 함께 읽고 이야기하고, 특히 책과 연계된 주제로 독서토론을 하니까 책을 더 알차게 읽게 된 것 같아. 이번 인생 독서토론 수업을 통해 성차별에 대해 다시 생각해 보고, 앞으로도 관련 문제가 대두될 때마다 그냥 지나치지 않겠다고 다짐했어.

유진 사실 난 지금껏 성차별에 대해서 그저 막연하게 생각했었는데 토론을 하면서 나도 미처 인지하지 못했던 차별과 이를 없애기 위해 나는 무엇을 할 수 있는지 생각해 볼 수 있었어. 그리고 우리가 직접 책을 선정하고, 읽고, 독서토론 하는 과정 자체가 언제나 그랬듯 나에게는 매우 소중하고 즐거운 시간이었어.

책과 우리 사회와 우리의 꿈에 대해서 진지하게 토론하는 시간이 값지게 느껴져. 우리가 함께 나누었던 이야기가 이 사회를 변화시키고, 우리의 꿈을 이루는 원동력이 되길 바라. 우리, 우리가 함께 꿈꾸며 나누었던 직업과 사회를 이루고 만들어 가는 멋진 여성으로 성장하자!

멋지게 끝맺기, 독서토론 대화집

9주의 시간 동안 촘촘하게 진행되는 수업의 길을 걸으며 아이들은 희로애락을 모두 경험한다. 사람이 모여서 하는 일에 그저 술술 풀리는 건 없기 때문이다. 땀과 눈물의 결과물을 제출하고 나면 시원하면서도 뭔가 아쉬움이 남는다. 이런 아쉬움을 덜어 주는 것이 독서토론 내용을 엮은 책대화집이다. 추수가 끝난 뒤 벌이는 한바탕 놀이판이라고 할까?

학기 말이 되면 책대화집의 편집위원을 모집한다. 의욕이 넘치는 학생들이 많은 해에는 너도 나도 편집위원 활동을 하고 싶어 하는 바람에 점심시간을 이용해 도서관에서 편집위원 선발 시험을 보기도 했다. 간단한 맞춤법 시험이었는데, 준비한 50장의 시험지가 모두 동이 날 정도로 문전성시를 이루었다. 편집위원들의 재능에 따라 원고를 다듬거나 책에 들어갈 삽화를 그린다. 방학하기 전 방과 후 시간에 컴퓨터실을 이용하고 편집을 진행하였다.

편집된 원고는 담당 교사가 검토한 후에 인쇄소에 보낸다. 표지와 본문 디자인 등을 협의한 후 2월 개학 전에 책을 발간한다. 개학날 책대화집을 받아든 아이들은 가장 먼저 자신의 원고가 실린 페이지를 펴 들고 읽는다. 사진을 찍어 개인 SNS에 올리기도 한다. 만족스럽게 추수한 자의 보람이 얼굴에 가득하다. 그 반짝이는 순간이 학교에서 아이들이 자주 만나야 할 '의미 있는 시간'이 아닐까? 자신의 글이 실린 책을 버리는 학생은 단 한 명도 없다. 자기 방 책꽂이에 꽂아 두고 바라볼 때마다 열일곱 빛나던 시절로 돌아가게 되지 않을까.

붙임자료① 독서토론 수업에서 다룬 주제도서 목록

| 한 권 읽고 독서토론 수업 주제도서 목록 |

책 제목	분야	저자	출판사
사막의 꽃	인물	와리스 디리	섬앤섬
꿈이 있는 거북이는 지치지 않습니다	인물	김병만	실크로드
지도 밖으로 행군하라	수필	한비야	푸른숲
전태일 평전	인물	조영래	아름다운전태일
우아한 거짓말	소설	김려령	창비
두근두근 내 인생	소설	김애란	창비
열여덟 너의 존재감	소설	박수현	르네상스
하이킹 걸즈	소설	김혜정	비룡소
내 인생의 스프링 캠프	소설	정유정	비룡소
시인 동주	소설	안소영	창비
황소의 혼을 사로잡은 이중섭	예술	최석태	현실문화
운영전 : 잘못 떨어진 먹물 한 방울에서 시작된 사랑	고전 문학	전국국어교사 모임, 조현설	휴머니스트
욕망하는 냉장고	과학	KBS 냉장고 제작팀	애플북스
정글북 사건의 재구성	문학	정은숙	사계절
25년간의 수요일	역사	윤미향	사이행성
내 이름은 욤비	인권	욤비 토나, 박진숙	이후
다시 봄이 올 거예요	사회	416세월호참사 작가기록단	창비
비숲	생명과학	김산하	사이언스북스
대한민국 치킨전	사회	정은정	따비
아트로드	예술	김물길	알에이치코리아
83일	환경	이와모토 히로시 외	뿌리와이파리
내 얼굴이 어때서	철학/윤리	오승현	풀빛

| 주제 통합 독서토론 수업 주제도서 목록 |

주제	분야	제목
당당하게	영화	눈길(이나정)
	도서(문학)	춘향전 : 사랑 사랑 내 사랑아 어화둥둥 내 사랑아(조현설)
	도서(비문학)	울지 말고 당당하게(하종강)
이상한 생각	영화	조작된 도시(배종)
	도서(문학)	한 푼도 못 되는 그놈의 양반(김수업)
	도서(비문학)	이상한 나라의 이상한 생각들(오승현)
사람 공부	영화	나쁜 나라(김진열)
	도서(문학)	난장이가 쏘아올린 작은 공(조세희)
	도서(비문학)	정혜신의 사람 공부(정혜신)
돌아봄	영화	계춘할망(창감독)
	도서(문학)	17세(이근미)
	도서(비문학)	싸울 때마다 투명해진다(은유)
떠남	영화	사막의 꽃(쉐리 호만)
	도서(문학)	구운몽 : 무엇이 꿈이고 무엇이 꿈이 아니더냐(이상일)
	도서(비문학)	왜 주인공은 모두 길을 떠날까(신동흔)
어떻게 살까	영화	집으로 가는 길(방은진)
	도서(문학)	최척전 : 어지러운 세상 인연의 배를 띄워(황혜진)
	도서(비문학)	나는 어떤 삶을 살아야 할까(홍세화 외)
함께 살다	영화	잡식 가족의 딜레마(황윤)
	도서(문학)	듀이 : 세계를 감동시킨 도서관 고양이(비키 마이런· 브렛 위터)
	도서(비문학)	동물권, 인간의 이기심은 어디까지인가(캐서린 그랜트)

| 인생 독서토론 수업 주제도서 목록 |

학급	분야	주제도서
2-1	심리	미움받을 용기(기시미 이치로, 고가 후미타케)
	공연예술	공연예술의 꽃, 뮤지컬 A to Z(한소영)
	국제	너의 눈에서 희망을 본다(최민석)
	교육	위대한 감시 학교(로렌 매클로플린)
	문화·방송	10대와 통하는 미디어(손석춘)
	사회복지	국경 없는 의사회(데이비드 몰리)
	공공서비스	세상을 바꾸는 힘(조영선 외)
2-2	사회	나쁜 페미니스트(록산 게이)
	교육	오카방고의 숲속학교(메이지, 앵거스, 트래버스 남매 공저)
	심리	대한민국에서 감정노동자로 살아남는 법(김계순, 박순주)
	교육	모두 아름다운 아이들(최시한)
	여행과 관광	너의 눈에서 희망을 본다(최민석)
	문화예술	대중문화 트렌드 2017(김헌식 외)
	교육	샹들리에(김려령)
	서비스	감정은 습관이다(박용철)
2-3	교육	핀란드 공부법(지쓰카와 마유, 지쓰카와 모토코)
	소통	혼자 잘해주고 상처받지 마라(유은정)
	공공서비스	대한민국에서 감정노동자로 살아남는 법(김계순, 박순주)
	공공서비스	인성이 실력이다(조벽)
	공공서비스	프랑스에서는 모두 불법입니다(최은주)
	심리	모모(미하엘 엔데)
	예술	관점을 디자인하라(박용후)
	세상을 바꾸는 상상력	교과서에 나오지 않는 발칙한 생각들(공규택)

2-4	여행	스물셋,죽기로 결심하다(조은수)
	공공서비스	세상을 바꾸는 힘(조영선 외)
	문화	82년생 김지영(조남주)
	뷰티	되게 하는 힘, 열정(손동수)
	서비스·경영	대한민국에서 감정 노동자로 살아남는 법(김계순, 박순주)
	교육	운동장이 없는 학교(박영희)
	예술	나는 3D다(배상민)
2-5	IT산업	김대식의 인간 vs 기계(김대식)
	공간	나는 3D다(배상민)
	과학	정재승의 과학 콘서트(정재승)
	교육	공부해서 너 가져(김범)
	생명공학	하리하라의 바이오 사이언스(이은희)
	의료	하리하라의 몸 이야기(이은희)
	의료·보건	도시에서 죽는다는 것(김형숙)
2-6	IT산업	4차 산업혁명 시대에 살아남기(김지연)
	건축	도시의 표정(손수호)
	보건·간호	하리하라의 과학 24시(이은희)
	의료	사람은 왜 아플까? (신근영)
	커뮤니케이션	그날, 고양이가 내게로 왔다 (김중미)
	과학	랩 걸(호프 자런)
	화학	진정일 교수의 교실 밖 화학 이야기(진정일)
2-7	경찰	소수의견(손아람)
	보건 의료	도시에서 죽는다는 것(김형숙)
	공학	우리는 플라스틱 없이 살기로 했다(산드라 크라우트바슐)
	동물	유쾌한 수의사의 동물병원 24시(박대곤)
	생명	하리하라의 몸 이야기(이은희)
	예술	Do it, 그냥 해봐!(솔루션스)
	화학	화장품, 얼굴에 독을 발라라(오자와 다카하루)

붙임자료② 독서토론수업 계획서 양식

201   학년도   학기 국어 모둠별 독서토론

1. 우리가 선택한 주제도서

주제도서	

2. 우리 모둠

모둠 이름	
모둠 이름의 의미	

3. 우리 모둠 역할

이름	학번	역할(자유롭게)	
		과정	정리
		모둠장	모둠장

역할 예시

- 과정 : 모둠장, 알림이, 촬영, 기록, 녹음, 대화 정리
- 정리 : 모둠장, 대화 내용 정리, 워드 입력, 보기 좋게 편집 등

4. 독서와 독서토론 일정 계획표

| 한 권 읽고 독서토론 수업(인생 독서토론 수업도 이와 동일) |

내용	차시	일시	시수	추진 상황 점검
모둠 구성 및 주제도서 선정	1차시		1시간	
주제도서 준비			2주	
주제도서 읽기	2~3차시		2시간(2주)	
질문 만들고 개인별 글쓰기	4차시		1시간	
독서토론 주제(질문) 선정	5차시		1시간	
선정 주제에 대한 글쓰기	과제		과제	
모둠별 독서토론	6~7차시		2시간	
독서토론 내용 정리 및 제출	8~9차시		2시간	

| 주제 통합 독서토론 수업 |

내용	차시	일시	시수	추진 상황 점검
모둠 구성 및 모둠 주제 선택	1차시		1시간	
책 준비 및 영화 감상 주간			2주	
토론 질문 만들고 개인별 글쓰기	과제		과제	
영화 모둠별 토론 후 일지에 토론 내용 정리	2차시		1시간	
주제도서1 읽기	3~4차시		2주	책 읽는 기간 2주
토론을 위한 질문 만들고 개인 글쓰기	과제		과제	
주제도서1 모둠별 토론 일지에 토론 내용 정리	5차시		1시간	
주제도서2 읽기	6~7차시		2주	책 읽는 기간 2주
토론을 위한 질문 만들고 개인 글쓰기	과제		과제	
주제도서2 모둠별 토론 일지에 토론 내용 정리	8차시		1시간	
영화, 주제도서1, 2를 통합해서 독서토론 주제 선정	9차시		1시간	
선정 주제에 대한 글쓰기	10차시		1시간	
모둠별 종합토론	11~12차시		2시간	
독서토론 내용 정리 및 제출	13~14차시		2시간	

붙임자료③ 독서토론 수업 활동일지

독서토론 활동일지(　　차)

<table>
<tr><td>일시</td><td colspan="2">201 .　.　.(　)</td></tr>
<tr><td>오늘의 계획</td><td colspan="2"></td></tr>
<tr><td>오늘 실시한
활동 내용</td><td colspan="2"></td></tr>
<tr><td rowspan="6">개인별 독서 기록</td><td>이름</td><td>내용(책 제목, 읽은 쪽)</td></tr>
<tr><td></td><td></td></tr>
<tr><td></td><td></td></tr>
<tr><td></td><td></td></tr>
<tr><td></td><td></td></tr>
<tr><td></td><td></td></tr>
<tr><td>평가 및 반성</td><td colspan="2"></td></tr>
<tr><td>다음 활동 계획</td><td colspan="2"></td></tr>
</table>

붙임자료④ 개인 의견 정리지

개인 의견 정리지

내가 선택한 주제 :
내가 읽은 책 제목(작가) 또는 영화 제목(감독) :
학번: 이름:
1. 인상 깊은 장면(또는 구절)과 그 이유
2. 이 책을 읽고 친구들과 토론하고 싶은 내용을 질문형으로 만드세요.
3. 2의 질문에 대한 나의 생각을 완성된 한 편의 글로 작성하세요.(문단 구분 필수)

붙임자료⑤ 토론 주제에 대한 개인별 글쓰기 정리지

학번 : 이름 :

우리 모둠 주제 :

우리 모둠 주제도서(저자) :

토론 주제 1.

나의 생각 :

토론 주제 2.

나의 생각 :

토론 주제 3.

나의 생각 :

토론 주제 4.

나의 생각 :

우리 사회의 감추어진 얼굴을 들추어낸 횃불, 전태일

우리들의 책대화를 가장 잘 드러내주는 제목 붙이기

- 조영래, 『전태일 평전』을 읽고 나눈 책대화 ◀— 저자와 제목

함께 책대화 나눈 친구들 : 1xxx 유○○, 1xxx 조○○, 1xxx 최○○ 1xxx 홍○○

학번과 이름

우리가 선정한 토론 주제

1. 자신이 추구하는 가치를 위해 자신의 삶을 희생하는 것은 옳은가?
2. 만약 전태일이 분신하지 않았다면 우리 사회 또는 당시의 사회는 어떻게 되었을까?
3. 현재에도 전태일과 같은 사람이 존재하는데 우리는 그 사람들을 위해 무엇을 할 수 있을까?

이 책은 이런 책 ◀—— 1. 간단한 책 소개

○○ : 우리가 읽은 『전태일 평전』은 노동운동가 전태일의 일기를 바탕으로 그의 생애를 쓴 전기야. 책에서는 전태일의 어린 시절을 비롯하여 노동운동을 하게 된 동기와 과정 그리고 전태일의 마지막을 보여주고 있어.

전태일과 소통하다 ◀—— 2. 책 읽은 소감

○○ : 독서를 좋아하지만 동시에 귀찮아하기도 해서 그런지 사실 이런 분야의 책은 처음 접해 봤어. 제목과 겉표지부터가 좀 그랬거든. 하지만 '귀찮아도 한번 읽어보자!'라는 마음에 접하게 되었어. 이 책 덕분에 전태일이라는 사람도 알게 되고, 그 당시의 평화시장, 노동자들의 고통, 기업주들의 부패

등 많은 것을 알게 된 것 같아. 만약 내가 전태일이었다면 그 당시의 상황이 답답하고 화나고 속상해도 분신은 상상조차 못 했을 텐데. 자신도 가난하고 힘든데도 일자리에서 잘리는 것까지 감수하며 여공들을 돕는 것이 참 멋지고 훌륭하면서도 안쓰러웠어. 그의 모습이 우리 사회의 윗사람들이 사는 모습과 대비되는 것 같아.

△△ : 책을 다 읽고 나서 들었던 느낌은 '안타깝다'였어. 그 시절 많은 노동자가 위험한 작업 환경 속에서 말도 안 되는 저임금을 받으며 일하는 것이 부당한데도 그것을 느끼지 못할 정도로 하루 살기에 급급했다는 것이 말이야. 한편으로는 전태일이 대단하다고 생각해. 자신도 하루 벌어 살아가는 노동자면서 다른 노동자들을 위해 희생하는 모습은 정말 나로서는 꿈도 꾸지 못할 일이거든.

3. 토론 주제❶(자신이 추구하는 가치를 위해 자신의 삶을 희생하는 것은 옳은가?)

이상을 따를 것이냐, 현실에 안주할 것인가, 그것이 문제로다

□□: 우선 나는 가족들과 가까운 사람들을 생각하면 내 가치만을 위해 사는 것이 정말 미안하지만 내가 옳은 가치의 사회를 실현시키기 위해 희생하는 걸 후회하지 않고, 정말 간절하게 원한다면 옳다고 생각해. 아무리 작든 크든 간에 꿈과 소망이 절실하다면 가족보다는 나의 선택이 우선시되어야 하잖아. 전태일을 포함해 여러 운동가들이 있기에 이 사회가 만들어진 거라고 생각하고 정말 감사해.

○○: 그렇구나. 하지만 난 좀 생각이 달라. 난 옳지 않다고 생각해. 왜냐하면 자신이 실현하고 싶은 가치를 위해 자신의 삶까지 포기하는 건 자신에게도 가족에게도 그렇게 좋은 행동은 아닌 것 같아. 전태일의 경우를 예로 들자면

자기가 번 돈을 자기 의식주에 쓰지 못하면서까지 노동운동을 전개하는 건 무리 같아. 일단 스스로가 생활고를 겪고 있는데 어떻게 남을 돕겠어? 그리고 가족들에게도 상처를 많이 주는 것 같아. 아버지의 반대를 무릅쓰고 노동운동을 했고 나중에는 아무에게도 말하지 않고 분신했잖아. 아들이 괴롭게 죽은 걸 알게 된 어머니는 얼마나 가슴이 찢어지겠어. 이렇게 다수를 위한 행동도 좋지만 자신에게 정말 소중한 가족, 친구도 생각해야지.

타오르는 전태일 ◄——— 4. 토론 주제❷(만약 전태일이 분신하지 않았다면 우리 사회 또는 당시의 사회는 어떻게 되었을까?)

○○: 나는 만약 전태일이 분신하지 않았더라면 아마 우리 사회는 지금처럼 대우를 받아가면서 일할 수 없었을 거라고 생각해. 그의 분신은 말 그대로 전환점이 되었어. 그 당시 사회가 옳은가를 생각하게 하는 전환점. 아마 분신하지 않고 계속 작게, 작게 노동운동을 했다면 그들을 막는 세력에 의해, 재정난이나 탄압 등의 여러 가지 상황들로 노동운동을 포기했을 것 같아. 그랬다면 지금 우리는 그 당시와 별반 다를 게 없는, 인간이 기계화되는 사회에 살고 있겠지. 여기서 중요한 건 전태일의 분신이 사람들에게 준 충격이 엄청났었다는 거야. 만약 전태일이 그저 사람들 많이 모아놓고 현수막만 걸어놓고 자신들의 권리를 외치기만 했다면 노동자와 업주들의 생각을 바꾸고 마음을 움직일 수 있었을까? 난 아니라고 생각해. 그럼 우리는 '전태일'이라는 이름을 기억 못 할 뿐만 아니라 우리 사회도 지금과는 많이 달랐겠지.

△△: 나도 비슷한 생각이야. 전태일이 분신하지 않았다면 우리 사회 노동운동의 시발점이 되지 못했을 것 같아. 또한 전태일이 하던 노동운동도 압력을 받아서 흐지부지 끝나버렸을지도 몰라. 전태일이 노동운동을 하던 때는 박

정희 대통령의 독재정권 시절인데 당시 나라의 정부와 노동청은 자신의 사리사욕을 채우기 바빴고, 노동운동으로 정부의 이미지가 실추될 걸 우려해 전태일 등 여러 사람들을 탄압해서 노동운동을 멈추게 했을 것 같아. 그래서 그 당시 사회는 노동자들과 빈곤층은 하루 먹는 것을 걱정하고 굉장히 힘들게 살아가야 했을 거야. 아니면 그 당시보다 더 몇 년 후에 전태일을 대신해서 분신자살 하는 사람이 생겼을지 모르지만.

5. 토론 주제❸(현재에도 전태일과 같은 사람이 존재하는데 우리는 그 사람들을 위해 무엇을 할 수 있을까?)

'제2의 전태일'을 위하여

○○: 마지막 주제는 '현재에도 전태일 같은 사람이 존재하는데 우리는 그 사람들을 위해 무엇을 할 수 있을까?'라고 정했는데, 내 생각에 전태일 같은 사람의 범위는 넓은 것 같아.

◇◇: 현재에도 크게 드러나진 않지만 전태일 같은 사람이 존재할 텐데 다들 괜히 나섰다가 욕먹을까 봐 자신의 생각을 드러내지 못하는 것 같아. 정치 뉴스를 보며 어른들이 "하여간 우리나라가 이래서 문제야"라고 비판하시는 걸 많이 봤을 거야. 다 자신이 추구하는 정치의 모습이 있기 때문일 것 같아. 하지만 속으로만, 아니면 집이나 건물 안에서만 그렇지 막상 자신의 의견을 밖으로 내세우려 하지는 않아. 앞에서도 말했지만 아마도 그 이유는 사람들의 시선이 두렵고 용기가 부족해서일 거야. 나처럼 소극적인 사람은 친구들 앞에서 발표하는 것조차 힘들거든. 그래도 우리는 국민으로서 자신의 의견을 말할 권리가 있어. 그러니 지금부터라도 전태일처럼 용기를 내어서 나의 생각과 신념을 당당하게 말할 줄 알아야 한다고 생각해.

△△: 난 제일 중요한 것은 '알고 있는 것'이라고 생각해. 모두 다는 아니라도 한두 가지의 사건들을 알고 있고, 그에 따른 나의 의견과 생각도 머릿속에 정리해 두어서 많은 친구들과 어른들께 알리고 자신의 생각도 표현하는 거지. 국민들이 알고, 해결하기 위해 함께 실천한다면 큰 힘이 되잖아.

또, 다시 ◄——— 6. 책대화 소감

○○: 나는 고등학생이 되어서야 진지하게 토론해 보았어. 선생님들 덕분에 이 책도 알게 되고 이 책만이 아니라 모든 책으로 책대화가 가능하다는 것도 알게 되었지. 책대화 하면서 여러 친구들의 다양한 의견을 듣고, 그러면서 '아, 내가 하고 싶은 말이 있어도 끝까지 듣고 존중해 주고 난 후, 내 의견을 차근차근 말해야 서로 기분이 좋고, 책대화를 잘 이끌 수 있겠구나' 하고 느꼈어.

□□: 친구들과 하나의 책을 읽고 의견을 들어보니 나와 비슷한 생각을 하고 있었던 친구도 있었고, 나와 의견은 다르지만 타당한 이유로 나를 설득하고 공감하게 한 친구들도 있었어. 재밌었고, 다음에 또 이런 기회가 온다면 열심히 읽고 토론에 적극 참여해야겠어.

2부

독서토론으로 함께 놀다!

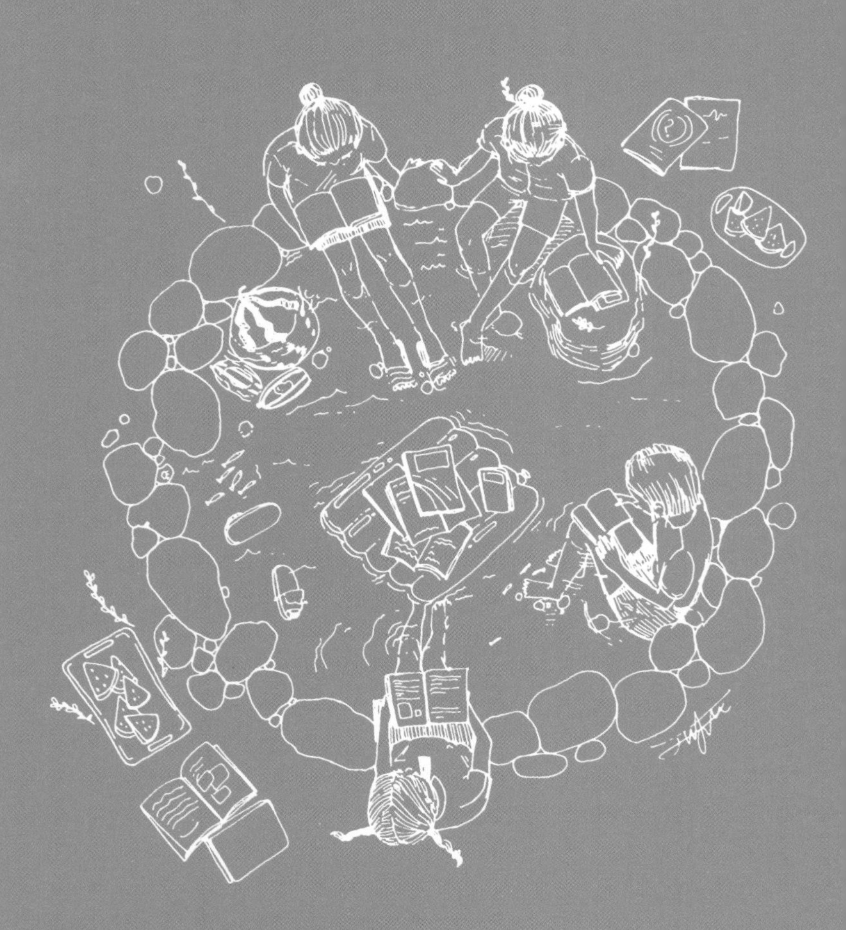

독서동아리 : '나'와 '너'가 '우리'로 거듭나는 시간

"놀이란 자발적으로 이루어진, 목적이 없는,
즐겁고 재미있는 행위를 일컫는다.
이러한 놀이는 학생들의 삶이자 본능이다."

- EBS 다큐 〈놀이의 반란〉 제작팀, 2014

밥 먹는 시간도 늦춘 채 도서관에 모여 함께 비밀을 나누고 돌아가는 씩씩한 아이들. '경험하지 않으면 평생 알 수 없는 비밀'이라고까지 말하는 그 비밀이란 다름 아닌 독서동아리이다. 자발적으로 삼삼오오 모여 함께 책을 읽는 재미에 푹 빠져 지내며 아이들은 어느덧 '나'와 '너'에서 '우리'로 성장해 간다.

왜 독서동아리인가?

독서토론이 지적으로 뛰어난 몇몇 아이들의 특별한 활동이 아닌, 특기나 취미를 적어야 할 순간에만 필요한 것이 아닌, 매일 먹는 '밥'이 될 수는 없을까? 우리는 그동안 품어왔던 고민을 이야기하며 '함께 책 읽고 토론하는 학교 문화'를 만들자는 생각에 합의하고 책 읽기를 일상으로 끌어들일 방법을 궁리하기 시작했다. '삶'이 되기 위해서는 즐길 수 있어야 하고, 즐기기 위해서는 '놀이'가 되어야 한다. 놀기 위해서는 '함께' 해야 한다. 우리가 찾은 한 가지 답은 책 읽는 작은 모임을 씨앗처럼 많이 만들어 보자는 것, 바로 '독서동아리[3]'였다.

아이들이 친구와 또 놀고 싶은 마음이 들 때는 언제일까? 잘 짜인 프로그램에 맞추어 체계적으로 놀았을 때? 1주일에 1회 정기적으로 놀았을 때? 정답은 단순하다. 바로, '즐겁게 놀았을 때'이다.

우리는 독서동아리를 학습이 아니라 놀이의 관점으로 보았다. 만약 학습의 관점으로 보았다면 체계와 지도를 중시했을 것이다. 정기적으로 만나야 하고, 정리지에 기록을 잘해야 하며, 보고서를 쓸 만큼 체계적인 결론이 나오도록 지도하는 것이 자연스럽다. 그러다 보면 도달해야 할 나름의 기준이 생기게 마련이고, 기준에 못 미치는 독서동아리는 냉정히 지도해야 할 것이다. 하지만

3 이러한 생각에 많은 도움을 준 책은 백화현 선생님의 『도란도란 책모임』(학교도서관저널), 『책으로 크는 아이들』(우리교육)이다.

놀이로 보면 이 모든 것은 뒷전으로 밀려나고, "즐겁게 놀았니?"가 가장 중요한 기준이 된다. 그래서 교사는 '어떻게 하면 아이들이 독서동아리를 더 좋아하게 될까? 어떻게 하면 더 즐겁게 평가회를 할 수 있을까?'와 같은 궁리를 하게 된다. 그림책이나 만화책을 보는 모임부터 특정 주제의 심화 읽기를 하는 모임까지 독서동아리의 다양한 층위를 인정하게 된다. 한 학기에 열 권을 읽는 열성 동아리와 한 학기에 한 권 읽고 인생책이었노라 당당히 말하는 동아리를 모두 소중히 여기게 된다. 심지어 활동계획서만 작성하고 모임을 이어나가지 못한 동아리가 있어도 '계획서 쓸 때는 즐거웠을 거야. 그 경험이 이어져서 내년에는 즐겁게 활동하게 될 수도 있어'라는 마음으로 보게 된다. 기준이 무엇이냐에 따라 관점은 이렇게 달라진다.

독서동아리는 2015년 20여 개(100여 명)에서, 2017년 100개(500여 명)로 확산되었다(전교생 수는 700여 명). 하나의 놀이처럼 서로를 끌어당긴 함께 읽기는 네 명 이상만 모이면 누구나 즐길 수 있는 문화가 되어 학교에 새로운 바람을 일으켰다. 독서동아리라는 씨앗이 스스로 싹을 틔워 함께 책을 읽고 독서토론 하는 학교를 만들어간 것이다.

이 새로운 바람은 전교생이 모두 수업시간에 독서토론을 배웠기에 가능한 변화였다. 수업 시간에 배운 것을 바탕으로 '나도 독서토론 할 수 있어!'라는 생각을 가지게 된 아이들이 망설임 없이 독서동아리의 마당에 발을 들여놓을 수 있게 된 것이다. 한 학기를 단위로 이루어지는 독서동아리 활동 과정은 다음과 같다.

독서동아리 활동 과정

언니들의 북토크 → 독서동아리 조직하기(학기 초) → 활동계획서 작성 → 모일 때마다 일지 작성 → 독서동아리 워크숍(학기별 1회) → 학기 말 독서동아리 활동 정리지 제출(6월과 11월 중순경) → 학기별 독서동아리 발표회(2회 고사 이후)

1단계: 독서동아리 모집하기

새로운 싹을 틔우려면 먼저 밭을 갈아야 한다. 한 해 농사는 밭갈기에서 시작된다고 할 수 있다. 여린 씨앗이 잎을 틔우기에 좋은 분위기를 만들기 위해 먼저 '언니들의 북토크'를 5일간 진행한다. 일주일 내내 점심시간마다 언니들은 함께 읽기가 좋다고, 독서동아리를 안 한 친구는 후회한다고 후배들을 유혹한다. 북토크를 경험한 신입생들은 독서동아리 활동을 당장 하고 싶어 할 정도로 분위기가 달아오른다('언니들의 북토크'는 3부 2장 '유혹의 토크, 언니들의 북토크'에서 자세히 소개).

또한 3월 내내 모든 국어 수업은 '기-승-전-독서'다. 아이들은 새로 만난 선생님이 함께 읽기를 중요하게 생각한다는 사실을 흥미로워했고, 이러한 흥미를 채워주기 위해 매력적인 책을 소개하였다. 책을 읽은 아이들의 입소문으로 선생님의 추천 도서 목

동아리 소개 게시판

록이 꽤나 재미있다는 소문이 퍼질 무렵, 아이들의 독서 의욕을 한층 더해줄 '왜 우리는 대학에 가는가 : 5부 말문을 터라'와 같은 다큐멘터리를 보여 주며 글쓰기와 간단한 토론을 하였다.

왜 함께 읽어야 하는지에 대해서 어느 정도 합의가 이루어졌다고 판단한 3월 중순, 독서동아리 등록을 받았다. 첫해인 2015년에는 1학기 24개 팀 100여 명이, 2학기 41개 팀 180여 명이 자발적으로 독서동아리를 조직하여 활동하였으며, 독서동아리들이 도서관을 점령하는 사태(?)가 벌어지게 되었다. 2016년 79개 300여 명, 2017년 100개 500여 명 등 매년 늘어가는 독서동아리들이 학교의 모든 독서 활동에 활기를 불어넣는 역할을 했다.

2단계: **자율적 활동 기반 만들기**

독서동아리 활동은 활동계획서 작성하기로 시작한다. 마음이 맞거나 관심 분야가 비슷한 친구들 4~5명이 모이면 독서동아리 활동계획서(136쪽 붙임자료② 참고)를 나눠 준다. 이전에 없던 새로운 조직이 탄생하게 되니 먼저 이름이 필요하다. 함께 모여 이름을 짓고, 구체적으로 어떤 분야의 책을 읽을지 정한다. 동아리 활동 시간과 모임 주기, 장소 등 모든 것을 동아리원들이 자율적으로 정하게 된다. 활발한 활동을 위해서 일주일에 한 번 이상 만날 것을 권하지만 강제 사항은 아니다. 계획서 작성이 끝나면 도서관을 둘러보며 자신들의 활동 주제에 맞는 주제도서를 두세 권 정하게 한다. 교사가 사전에 독서동아리 활동하기에 좋은 책들을 모아 별도의 전시대를 마련해 놓으면 책 고르는 일에 어려움을 겪는 아이들에게 많은 도움이 된다.

3단계: **독서동아리 워크숍**

아이들의 활동 의욕이 가장 불타오르는 시기는 언제일까? 당연히 동아리를 만든 직후일 것이다. 하지만 3월 중순의 신입생은 독서토론을 어떻게 해야 하는지 아직 모르는 아이들이 태반이므로 3월 마지막 주에 '독서동아리 활동 워크숍'을 개최한다. 워크숍에 참가할 학생들에게 나누어 줄 워크숍 계획서와 참가신청서를 준비해 도서관에 비치해 두는 것이 좋다.(139쪽 붙임자료④, 140쪽 붙임자료⑤ 참고).

워크숍 참가 신청 규모가 200명 이상이기 때문에 워크숍은 교내 체육관에서 진행한다. 강사를 초청해서 함께 읽기가 왜 좋은지 강의를 듣고, 그 자리에서 단편소설을 읽고 독서토론 진행하는 방법을 배운다. 이때 아이들은 자기 동아리 이름표를 만들어서 가지고 와야 한다. 이름표 함께 만들기 활동으로 동아리 첫 번째 모임이 이미 시작된 셈이다. 동아리별로 돗자리를 준비해 와서 함께 모여 앉아 소설을 읽고 독서토론을 하노라면 동아리 단합 대회가 되는 것은 물론, 다음 활동에 관한 논의와 계획도 자연히 이루어진다.

4단계: 관심과 지원으로 무럭무럭 자라는 동아리

독서동아리 활동은 구성원의 자발성에 기초한다. 함께 읽을 책을 정하는 것에서부터 토론 주제와 생각 나누기 등을 아이들이 알아서 하며, 모임 후에는 토론 주제와 인상 깊은 구절 등 일지(138쪽 붙임자료③ 참고)를 자율적으로 작성한다. 학기 말에는 동아리별로 활동했던 주제도서와 토론 질문, 활동 내용을 정리지에 작성하여 제출한다(141쪽 붙임자료⑥ 참고).

동아리 활동이 자발적으로 이루어진다고 하지만 그래도 원활한 운영이 이루어지기 위해 빼놓을 수 없는 것이 있는데, 바로 교사의 보이지 않는 지원과 끊임없는 관심이다. 때로는 눈에 보이

독서동아리 워크숍 전경(맨 위 사진)과 참여한 동아리 학생들(그 아래 사진)

지 않게 꼬드기고 유혹하는, 정서적 설득을 위한 완곡한 지도가 필요하다. 학생들이 계획서를 작성해 오면 여고생 취향의 파일철을 준비해 주고, 모임 후에 일지를 작성하면 귀여운 스티커를 붙여주며, 예쁜 도장을 찍어주기도 한다. 어떤 책을 읽어야 할지 고민하면 목록을 제시하고, 읽고 싶은데 책이 없다면 최대한 빨리 구해 준다. 누구든 시작할 때는 의욕이 충만하다. 이 의욕이 사라지기 전에, 최대한 신속하게 독서동아리원들이 원하는 책을 준비해야 한다. 학생들이 읽고 싶어 하는 책을 빠르게 준비해 주는 것, 이것만으로도 아이들은 감동한다. 처음 시작하는 독서동아리에 이만한 응원은 없다. 독서동아리를 위해 복본 책을 꽂아 놓은 별도의 서가 배치, 독서동아리를 응원하는 작은 간식 준비, 동아리 배지 만들어 교복 깃에 달아 주기, 볼펜이나 거울·스티커와 같은

선생님을 위한 도움말

독서동아리 최대 위기는 정기고사 기간이다. 시험 한 달 전이 되면 모이는 동아리 수가 눈에 띄게 줄어든다. 도서관에 오더라도 문제집을 펴 놓고 자습하는 경우가 많다. 책 읽고 토론하는 학생들은 천덕꾸러기가 되기 쉽다. 특단의 조치로 간식으로 가득 찬 냉장고 사진을 학년 밴드에 올려 두었다. 도서관에서 준비한 응원 간식이라고. 시험 전에 하던 활동을 매듭지어 놓아야 시험 후에 활동을 이어나갈 수 있기 때문에 독서동아리 모임을 하는 아이들에게 응원 간식을 준 것이다. 그날 도서관은 실로 오래간만에 인산인해를 이루었고, 웃음소리가 가득했다. 10대에게는 소소한 이벤트도 삶의 활력소가 된다. 시험이 끝난 후, 먹은 게 있는(^^) 아이들은 다시 친구들과 함께 도서관으로 모여들었다는 훈훈한 이야기!

함께 읽기 굿즈

'함께 읽기 굿즈'를 만들어서 선물하기 등 소소한 애정 표현이 가장 강력한 지도 비법이다.

아이들은 독서동아리에서 책 읽고 토론하기만 하지 않는다. 자기들끼리 모여 작은 독서신문을 만들기도 하고, 그림도 그린다. 책 속에서 읽은 좋은 구절을 뽑아 친구들에게 얘기해 주고 싶어 하기도 한다. 이런 귀여운 자랑쟁이들을 위해 작은 칠판을 빌려주면, 아이들은 책 속 마음에 드는 구절을 적어서 햇볕 잘 드는 창가에 전시한다. 또 게시판의 한쪽 면을 독서동아리 활동 전시 공간으로 주고 맘껏 뽐내게 한다. 자랑하면서 점점 잘하게 되고, 서로를 보고 배우며 활동은 나날이 풍부해져 간다.

5단계: 학기 말 독서동아리 발표회

독서동아리들이 쉼 없이 움직이는 세포들처럼 도서관 곳곳을 점령하고 있지만 실제로 다른 동아리가 어떻게 활동하는지 알기는 쉽지 않다. 그래서 학기 말에 열리는 독서동아리 발표회의 의미와 역할이 크다. 참가한 동아리는 보람을 느끼고, 지켜본 학생들은 다음 학기 동아리 활동 구상에 도움을 얻는 의미 있는 시간이다. 발표회를 통해 서로의 힘을 확인하면서 독서동아리가 작은 조직이 아니며 이미 대세라는 것에 뿌듯함을 느낀다. 발표회 이후 다음 학기의 새로운 활동에 의욕을 보이는 아이들을 심심치 않게 발견하는 것도 학기 말 아무리 바쁘더라도 발표회를 꼭 여

선생님을 위한 도움말

독서동아리의 수만큼이나 활동 양상도 참으로 다양하다. 같은 진로를 가졌거나 지적 수준이 맞는 친구들이 모였다고 꼭 잘 운영되는 것은 아니다. 대학 입시에서 학교생활기록부가 중요해지면서 독서동아리를 스펙의 일부로 생각하고 모였던 팀이 몇 있었는데, 오래가지 못했다. 개인적 역량이 뛰어난 아이도 독서동아리에서는 두각을 나타내지 못한 경우도 있다. 개인의 뛰어남보다는 함께 어우러짐이 중요한 활동이기 때문인 듯하다. 시작이 좋았어도 끝까지 활동을 유지하는 게 힘들다. 1학기에 엄청난 활동을 보여준 모 동아리는 모둠장이 활력을 잃으면서 활동이 드문 동아리가 되기도 했다. 활발하게 지속적으로 활동하는 동아리들은 서로의 필요에 의해 만나는 것이 아니라 그저 친구가 좋아 모인 경우가 많았다. 우리는 아이들이 독서동아리를 즐거워하는 것은 그 안에 '자유'와 '선택'이 있기 때문이라는 결론을 내렸다. 그러니 우리는 그저 개성을 인정하고 정성 들여 돌보며 아이들이 자신들의 영혼에 어울리는 꽃을 피울 수 있게 응원해 주기로 했다.

독서동아리 발표회 초대장(위)과 독서동아리 발표회 풍경(아래)

는 이유이다. 아이들은 교사의 직접적인 가르침보다 열심히 하는 친구들의 모습을 통해 더 동기 부여를 받는다.

먼저 활동 발표회 계획을 미리 공지한 다음(142쪽 붙임자료⑦ 참고) 한 학기 동안의 활동 내용을 기록한 정리지를 받고, 희망 신청을 받아서 발표회에 참가할 8개 팀을 선정한다. 운영진을 뽑아 사회자를 정하고 독서동아리 퀴즈 놀이도 준비하며 분위기를 한껏 띄운다. 다양한 주제로 각 팀의 색깔과 개성을 뽐낼 수 있다. 발표 시간은 약 4분 이내씩 주어진다. 또 1년 동안 열심히 활동한 학생 중 한 명에게 독서동아리 활동 소감을 발표하는 기회를 주는데, 아이들이 들려주는 솔직한 이야기는 매번 가슴 먹먹해지는 감동을 안겨 주곤 한다. 다음은 아이들이 발표한 독서토론의 장점과 동아리 활동 소감 사례이다.

독서동아리 '밀키웨이' 아이들이 꼽은 독서토론의 장점 (발표 사례)

독서토론은 교과서 수업과 이런 점에서 달라요.

- 첫째, 교과서 수업은 정해진 답만을 요구하지만 독서토론은 답이 정해져 있지 않고 형식적인 것에 얽매이지 않습니다.
- 둘째, 독서토론은 교과서의 틀에서 벗어나 세상에 존재하는 것들에 대해 생각해 보는 시간을 줍니다.
- 셋째, 독서토론은 딱딱한 사회에서 벗어나 친구들 간의 따뜻한 소통을 가능하게 하고 자신의 가치관과 생각의 폭을 넓혀 줍니다.
- 넷째, 공부에 지친 마음을 독서토론을 통해 털어내고, 친구들과 생각을 나누며 성숙해질 수 있어요.

동아리 활동 소감 (발표 사례)

저는 독서동아리 '피네'의 임○○입니다.

저는 고등학생이 되기 전까지 독서는 혼자 하는 것이며, 예술은 고독한 자의 것이라고 생각했습니다. 혼자 책을 읽었고, 어떻게 예술을 하는 사람이 될 수 있을까에 대해서 혼자 고민했습니다.

그런데 홍천여고에 들어와서 함께 읽기를 배우며 모든 일은 함께하면 더 큰 즐거움과 보람을 얻을 수 있음을 깨달았습니다. 함께 책을 읽고, 토론하고, 보고서를 작성하면서 사고의 끝없는 깊이를 경험하고 친구들과 벽 없는 이야기를 나눌 수 있었습니다. 1학년 땐 다양한 분야의 책을 접하고 토론했다면 2학년 땐 예술 분야의 길을 꿈꾸는 친구들과 모여서 토론했습니다. '예술가가 되고 싶다'라는 막연한 생각에서 '어떤 예술가가 될 것인가'에 대한 고민을 거듭한 뜻깊은 시간을 보냈습니다.

저는 의견을 말하고 글을 쓰는 일에 자신이 없었습니다. 그런데 홍천여고에 들어와서 많은 기회를 얻었고 많은 칭찬을 받았습니다. 저도 모르는 사이에 성장했고 자존감을 높였습니다. 많은 사람들은 제게 말했습니다. 많이 밝아지고 웃음꽃이 피었다고 말입니다.

동아리 이름 '피네'처럼 독서동아리 활동을 하면서 마음속에 작은 꽃이 피었습니다. 독서동아리의 경험이 앞으로의 삶에 더 많은 꽃을 피게 해주리라 생각합니다.

독서동아리 활동 발표회는 한목소리로, 새로운 활동을 다짐하는 글을 읽는 것으로 마무리된다. 아이들은 맑은 목소리로 우렁차게 〈우리의 다짐〉을 읽어나간다. 한 줄 한 줄에 처음 만난 봄부터 눈 내리는 겨울까지 함께 읽고 눈을 맞추며 대화해 온 시간이 켜켜이 쌓여 있다. 이 우정의 공동체가 오래도록 지속되기를 바라는 우리의 간절한 마음이 진하게 담겨 있다.

우리의 다짐

우리는 내년에도
벚꽃 핀 길을 걷는 봄
학교 뒷산의 푸르른 숲을 바라보는 여름
노랗게 물든 은행잎을 줍는 가을
펄펄 눈 내리는 운동장을 뛰어다니는 겨울에도
즐겁게 함께 읽기 활동을 하겠습니다.
함께 읽기와 독서토론을 통해서
공감하고 협력하겠습니다.
함께 읽기의 공간이
우리 서로를 환대하는 공동체가 되도록
노력하겠습니다.

오래 걸으려면 함께 가야

4교시 종료를 알리는 벨이 울리면 아이들은 친구들과 삼삼오오 웃으며 도서관으로 모여든다. 마치 이곳이 예시바 대학 도서관[4]이라도 되는 듯 활기찬 목소리로 생각을 나누는 표정이 해맑다. '혼밥'이란 말이 생겨날 만큼 빨리 가기 위해서는 '혼자'여야 한다

4 미국 뉴욕에 위치한 대학교. 말하는 공부법 '하브루타'로 주목받고 있다.

고 세상은 말하지만, 우리는 알고 있다. 오래도록 행복하게 가기 위해서는 함께 가야 한다는 것을. 당장의 이익으로 돌아오지 않아도 마음으로부터 차오르는 보람을 느끼는 일이 존재한다는 것을 알아버린 아이들이 매일 점심시간 일곱 개의 탁자가 모자랄 정도로 모여서 책을 읽고 토론한다. 사람은 '함께'했던 시간의 힘으로 살아가는 것이 아닐까. 관계의 문제에 예민한 청소년의 경우는 더욱 그렇다. 학교도서관이 이러한 아이들의 영혼의 운동장이 되게 하자. 맘껏 뛰고 이야기하고, 까불고, 사랑받는! 혼자는 어려우니 힘이 되어줄 친구를 찾게 하자. 그게 바로 독서동아리이다.

아이들에게 물었습니다

독서동아리 활동,
어떤 의미가 있었나요?

- 마음 맞는 친구들끼리 놀면서 하는 활동!
- 친구들과 책 읽고 이야기하는 재미있는 시간, 걱정이 없는 시간!
- 친구들과 시시한 얘기가 아닌, 진지한 얘기를 나눌 수 있는 기회를 만들어 주었습니다.
- 독서동아리가 무엇인지 깨닫게 되었습니다.
- 친구들과 우정을 나누고 책과 가까워질 수 있게 되었습니다.
- 독서를 친구들과 즐겁게 할 수 있다는 것을 알았습니다.
- 혼자 읽기 힘들었던 책을 같이 읽으니 독서가 재밌게 느껴졌어요.
- 인생의 터닝포인트
- 함께 읽기의 즐거움을 알게 되었습니다.
- 진로가 비슷한 친구들과 자유롭게 이야기를 나누고 진로 고민을 털어놓기도 하는 점이 좋았습니다.
- 나의 진로를 찾게 된 계기이고 책 읽기의 즐거움을 알게 해준 수업이었어요.
- 내가 주체적으로 무엇인가를 할 수 있다는 것에 자신감을 갖게 되었습니다.
- 나에게 독서의 의미를 완벽하게 바꾸어 주었어요.
  "타의적 → 자발적"

- 책을 읽으면서 나의 삶을 변화시키는 계기가 되었습니다.
- 독서토론 수업을 토대로 하여 2년 동안 독서동아리 활동을 하면서 책을 읽는 즐거움과 책임감을 얻게 되었습니다.
- 대화하는 즐거움을 알게 되었고 내 주장을 똑바로 말할 수 있게 되었어요.
- 뜻깊은 활동입니다. 잊지 못합니다.
- 나에 대해 더 잘 알게 되었어요.
- 타인의 생각을 듣고 나의 의견을 당당히 말하면서 내가 어떤 사람인지 발견하게 되었어요.
- 억지로라도 꾸준히 읽게 됩니다.
- 평소 안 읽는 분야의 책을 접할 수 있게 되었어요.
- 친구들과 함께 책을 읽고 의견을 나누면서 깊이 있는 사고를 하게 되었어요. 스스로 동아리를 조직하고 마음이 맞는 친구들과 책을 선정하면서 뿌듯함을 느꼈습니다. 독서에 대해 거부감이 있는 사람도 친구들과 화기애애한 분위기에서 독서동아리 활동을 한다면 금방 그 매력에 빠져들 것입니다.

붙임자료① 자율 독서동아리 활동 안내문

자율 독서동아리 활동 안내(1학년)

- 등록은 3월 17일(금)까지입니다

Ⅰ. 독서동아리를 만들어요~

1. 4명 또는 5명이 모이면 만들 수 있습니다.
2. 같은 반의 친구들끼리 만들기를 권해요.

Ⅱ. 독서동아리 활동 계획서를 써요~

1. 도서관 선생님 또는 국어 선생님에게 계획서 양식을 받아서, 친구들과 모여서 정성스럽게 작성합니다. 도서관에 언니들이 작성한 계획서 예시가 전시되어 있습니다.
2. 계획서를 제출하면 독서교육부 교무실(또는 도서관)에서 활동 파일철과 정리지 양식을 줍니다.

Ⅲ. 독서동아리 활동 주제를 정해 보아요~

1학년은 주제 없이, 재미있고 좋은 책을 많이 읽으면 됩니다.

Ⅳ. 얼마나 자주, 어디에서, 모이나요?

1. 자유롭게 정해도 좋습니다.
2. 이런 정도가 가장 편하고 부담이 없을 듯합니다.
   가. 1주에 1회
   나. 2주에 1회
3. 점심시간에 학교도서관 또는 교실 이용
4. 주말에 열린 문고 세미나실 이용(미리 예약)

Ⅴ. 책대화를 어떻게 하나요?

1. 자유로운 토론이나 책대화, 책수다도 좋습니다.
2. 이렇게 하기를 권해요.
   가. 토론 시에 토론 질문을 한 가지 선정합니다.
   나. 선정한 질문을 이용해서 토론을 합니다.

VI. 정리지를 작성해 보아요

1. 자유롭게 정리해도 좋습니다.
2. 토론 내용을 모두 정리할 필요는 없습니다. 다음의 내용을 반드시 포함해서 정리하세요.
   가. 책 제목과 저자
   나. 토론 주제
   다. 토론 내용의 간단한 정리

VII. 동아리 파일철은 어떻게 관리하나요

1. 활동 당일 오전이나 전날 - 독서교육부 교무실 파일철 보관 책꽂이에서 파일철을 가져갑니다.
2. 활동하고 난 후
   가. 스티커를 붙인 후, 책꽂이에 다시 꽂아놓습니다
   나. 활동하고 나서 특이 사항이 있을 때에는 선생님에게 말해주세요.

VIII. 독서동아리 활동 이렇게 하면 좋아요~

1. 동아리원이 함께 5人의 책친구, 인문학독서토론카페에 참여하세요. 동아리 화합의 자리도 되고, 이 기간에는 주제도서로 독서동아리 활동을 하면 됩니다.
2. 동아리원이 함께 홍천군 고교독서동아리연합 인문학 독서토론 파티에 참여하세요. 다른 학교 독서동아리 학생들과 소통하고 공감하는 기회가 됩니다.
3. 재미있게 활동하세요. 책을 읽고 얼마나 다양한 활동을 할 수 있는가는 여러분의 상상력에 달려 있습니다.

IX. 독서동아리 활동 발표회

1. 일정 :1학기 2회 고사 이후(추후 공지)
2. 평가 방법 : 주제도서 정리 내용과 그 외 활동 내용
3. 시상 : 우수 독서동아리

독서동아리 활동계획서

1. 동아리 이름, 이름의 의미

이름	
이름에 담긴 의미	

2. 동아리 구성원

회원 학번	이름	역할	전화번호

3. 우리 동아리 활동 주제

활동 주제	
주제 선정 배경	

4. 우리 동아리의 간단한 소개

5. 동아리 활동 시간과 모임 주기

우리 동아리 모임 주기 (예 : 1주에 1회)	
동아리 활동 시간 (예 : 점심시간, 토요일, 방과 후)	

6. 읽고 책대화를 나눌 책 목록을 작성해 보세요. (활동하면서 변경 가능)

시기	활동 계획	주제도서	비고
월			
월			
월			
월			
월			
월			

7. 동아리 활동 방법

- 동아리 활동을 하기 전에 담당 선생님에게 동아리 파일철을 받아갑니다.
- 활동 후엔 내용을 간단하게 기록하고, 다시 담당 선생님에게 보관하고, 활동 조언을 듣습니다.
- 학기 말에 '독서동아리 활동 내용 정리지'에 활동 내용을 기록해서 제출합니다.

8. 독서동아리 발표회 계획

- 12월 22일 활동 발표회(우수 독서동아리 시상)

붙임자료③ 독서동아리 활동 일지

독서동아리 - 우리의 **삶**을 **즐겁고 든든하게** 해줍니다

오늘은 우리의 (   )번째 모임입니다

우리가 모인 날 :
우리가 읽은 책 제목 :   지은이 :
오늘 모인 사람(학번, 이름) :
책을 완독한 사람 :
토론 주제 (친구들과 이야기 나눌 의미 있는 질문) : 우리가 뽑은 가장 아름다운 구절 :
오늘 정리한 고운 사람 :
오늘 모임의 이런 점을 칭찬하고 싶습니다 : 오늘 모임의 이런 점을 반성합니다 : 다음 모임의 주제도서 : 다음 모임의 일정과 장소 :

제1회 독서동아리 워크숍 계획

Ⅰ. 목적

독서교육 전문가 초청 강연과 독서토론의 실습을 통해서 자율 독서동아리 학생들이 독서토론의 중요성을 깨닫고, 독서동아리 활동에 자부심을 가지며, 독서토론을 운영하는 방법을 배운다.

Ⅱ. 방침

1. 독서동아리 활동을 하고 있는 학생은 누구나 참여할 수 있도록 한다.
2. 초청 강연의 내용은 독서동아리의 중요성, 독서토론의 필요성, 독서동아리의 다양한 활동 방법 등으로 한다.
3. 일방적인 강연을 지양하고, 쌍방향의 만남과 대화가 되도록 한다.
4. 실제로 독서토론의 논제를 정하고 토론을 운영하는 연습을 해봄으로써, 학생들이 내실 있게 동아리 운영을 하도록 한다.
5. 소감문 쓰기를 통해서 교육의 효과를 점검한다.

Ⅲ. 내용

1. 일시 : 2017. 03. 29. 15:30~17:30
2. 장소 : 학교도서관
3. 참가 대상 : 독서동아리 구성원 중 참가 희망자
4. 초청 강사
   - 김은하: 독서교육 운동가. 저서 『처음 시작하는 독서동아리』, 『영국의 독서교육』 등 다수
5. 프로그램
   - 초청 강연
   - 독서토론의 논제 정하기, 토론 끌어가기 실습

Ⅳ. 기대 효과

1. 초청 강연은 확산된 독서동아리들이 독서동아리와 독서토론의 중요성과 의미를 알고 활동하는 것에 큰 도움이 될 것이다.
2. 독서토론 실습 교육은 독서동아리 활동의 내실을 기하는 것에 긍정적 영향을 미치게 될 것이다.

붙임자료⑤ 독서동아리 활동 워크숍 참가신청서

독서동아리 활동 워크숍 참가신청서

워크숍에 참여한 후에는 이런 후폭풍이 이어지게 됩니다.

1. 독서동아리 활동이 인생에서 얼마나 의미 있는 것인지 깨닫게 됨.
2. 독서동아리 활동이 나의 진로 탐구(진학)에 얼마나 큰 도움을 주는지 배우게 됨.
3. 독서동아리 활동의 다양하고 새로운 세계를 알게 됨.
4. 독서동아리 활동의 달인이 됨.

동아리 이름				
동아리 명단	이름	학번	휴대폰 번호	대표자 표시

※ 동아리별로 2~3명 신청할 수 있습니다.

붙임자료⑥ 독서동아리 활동 내용 정리지

201 학년도 학기 독서동아리 활동 내용

동아리 이름			
동아리원 : 이름(학번)			
동아리 활동 주제는 무엇이었나요?			
주제도서 1	책 제목		
	토론 주제		
주제도서 2	책 제목		
	토론 주제		
자유롭게 독서토론한 책 제목			
독서동아리 활동한 내용	우리가 모인 횟수		
	독서토론카페 참여 인원	1회	
		2회	
	독서동아리 워크숍 참여 인원		
	저자와의 만남(김혜정) 참여 인원		
	홍천 독서동아리연합 인문학 아카데미 참여 인원		
	독자적인 활동 내용		
동아리 활동 발표를 희망하나요? (7월 15일에)			

※ 이 정리지는 7월 9일까지 제출하세요. 제출하면 이를 바탕으로 발표할 동아리를 선정해서 공지합니다.

2017학년도 1학기
자율 독서동아리 활동 발표회 계획

Ⅰ. 목적

1학기에 열심히 활동한 자율 독서동아리 발표를 통해서 우수 사례를 공유하고 서로 배움으로써 2학기의 한층 발전된 활동을 도모할 수 있도록 한다.

Ⅱ. 방침

1. 1학기 독서동아리 활동 내용 정리지를 제출하게 한다.
2. 발표는 우수 독서동아리 10개 이내로 한다.
3. 독서동아리원 모두 참가하게 함으로써 우수 사례를 공유하고 서로 배움으로써 2학기 활동 계획을 수립할 수 있도록 한다.
4. 우수 활동 독서동아리를 시상한다.

Ⅲ. 행사 개요 및 세부 추진 계획

1. 일시 및 장소 : 2017.07.19. 09:30 ~ 11:10 / 도서관

2. 발표 동아리 선정
   가. 1학기 활동 내용 정리지를 제출하도록 함.
   나. 이를 근거로 발표 동아리를 10개 정도 선정함.

3. 진행 일정
   가. 1학기 활동 내용 정리지 제출 : 2017.07.12.
   나. 발표 동아리 선정 발표 : 2017.07.14.

다. 발표 동아리 발표 자료 제출 : 2017.07.17.

라. 독서동아리 활동 발표회 : 2017.07.19.

마. 우수 활동 독서동아리 시상 : 2017.07.20.

4. 프로그램 순서

가. 독서동아리 퀴즈 대회

나. 1학기 독서 활동 영상 감상

다. 독서동아리 활동 소감문 발표

라. 우수 독서동아리 발표

마. 2학기 활동 선포식

Ⅳ. 기대 효과

1. 우수 활동 사례를 발표함으로써 서로 공유하고 발전적인 계획을 세우게 될 것이다.
2. 열심히 활동한 독서동아리를 격려함으로써 더욱 열정적인 활동을 기대할 수 있다.

2장

인문학 독서토론카페 : '재미'와 '의미'가 한자리에

인생에는 두 가지가 필요하다. 재미와 의미. 재미만 있으면 허무하고, 의미만 있으면 지루하다. 책 읽기도 마찬가지 아닐까. 한껏 멋을 내고 와서 친구와 책대화하는 시간이 좋아서 또 오고 싶어지는 곳, 책 읽기와 독서토론으로 마음의 결을 씩씩하게 만들 수 있는 곳, 멋있는 어른으로 살아갈 준비를 하는 곳, 이렇게 사랑스러운 독서토론카페에는 재미와 의미가 가을날의 햇살과 바람처럼 버무려져 있다.

독서토론카페의 사랑스러운 출발점

2013년 강원도교육청에서 개최한 '강원 고교생 인문학 독서토론 캠프'에 참가했다. 만남의 길(저자에게 미리 질문을 보냄) → 공감의 길(첫째 날, 저자 강연 듣고 토론) → 소통의 길(둘째 날, 토론마당)로 이루어진 캠프의 방법을 눈여겨보았다가 이듬해 강원생활과학고[5]에서 이 방법을 응용해 독서토론카페를 열었는데 아이들의 반응이 좋았다.

두 번째 독서토론카페 운영진을 맡았던 도서부 학생들은 머리를 맞대고 모여 앉아 더 나은 카페 운영 방법을 연구했다. 예를 들어 어색하지 않게 카페 시작하기, 골고루 말할 수 있는 분위기 만들기 토론을 잘 끌어가는 방법과 간식 이용하는 방법 등을 공유하는 귀여운 회의였다. 교사가 시키지 않아도 아이들이 자발적으로 이런 회의를 한다는 것이 대견할 따름이었다.

아이들은 주제 음악도 정하더니, 내게 두 가지 요청(?)을 해왔다. 이름이 '카페'니까 진짜 카페처럼 다과와 음료를 준비해 달라는 것과 크리스마스도 다가오니까 이에 어울리는 드레스코드가 필요하다는 것이었다. 산타 망토와 루돌프 사슴 머리띠를 준비해 달라는 아이들의 요청을 받고, 잠시 교사의 구태의연한 자기검열 의식이 작동한 나는 '학교 예산으로 루돌프 사슴 머리띠를 사도 되나?' 하는 고민을 잠깐 했지만, 아이들의 요청을 거절

5 강원생활과학고는 미용예술과와 보건간호과로 구성된 특성화고이다.

할 수 없었다. 결국 산타 망토는 비싸서 포기했고, 대신 사슴 머리띠와 산타 모자를 많이 구입했다.

2014년 겨울, 두 번째 열린 '독서토론카페'의 주제도서는 『두근두근 내 인생』(김애란)이었다. 카페 당일, 크리스마스 파티에 초대받은 소녀들처럼 들뜬 모습으로 예쁘게 단장한 아이들이 양 갈래로 땋은 머리에 루돌프 머리띠를 하고 나타났다. 아이들이 들떠서 한참 동안 사진을 찍은 뒤에야 비로소 카페를 시작할 수 있었다. 흥겨운 분위기에 시종일관 즐거우면서도 진지한 이야기가 왕성하게 오갔다. 어떤 카페지기 친구는 직접 준비해 온 해바라기씨 간식을 카페 친구들과 먹으면서 대화를 이어가기도 했다. 이날 소감문을 초록색 손바닥 모양 종이에 써서 도서관 벽에 붙였더니 크리스마스트리가 되었다. 이 역시 운영진 학생들의 아이디어였다.

이날 나는 일종의 문화 충격을 받았다. 대한민국 강원도의 시골에서 태어나고 자란 나의 상상 속에 '파티 같은 독서토론'은 없었다. 아이들의 깜찍하고 발랄한 분위기는 청소년의 독서에 대한 어른들의 우려와는 달리 '책 읽기'가 청소년의 감수성과 충분히 만날 수 있다는 것을 보여 주었다. 두 번째 카페 준비를 자발적으로 하고 나에게 귀여운 제안을 한 아이들을 보면서, 교사가 준비하고 진행하는 독서 행사는 진지한 일회성 이벤트로 끝나고 곧 잊히겠지만, 학생들이 주체적으로 참여하는 지속적인 독서 행사는 문화가 될 수 있다는 것을 깨달았다. 아이들에게 큰 배움을 얻은 날이었다.

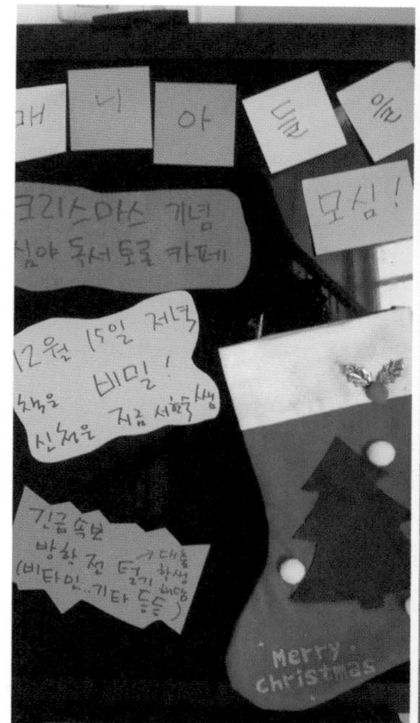

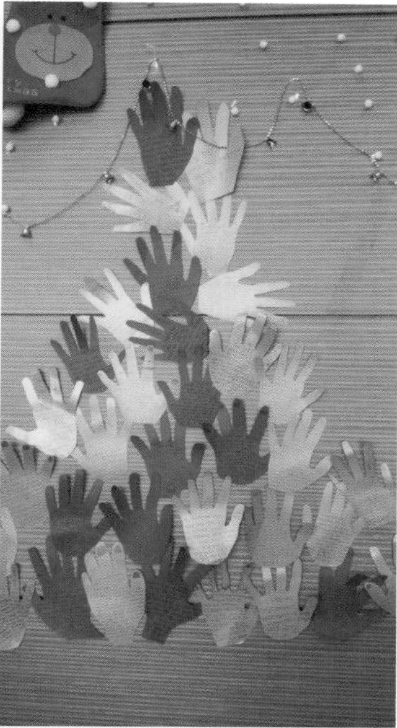

강원생활과학고 독서토론카페

1단계: 주제와 책 정하기

독서토론카페 준비의 1단계는 주제와 주제도서(164쪽 붙임자료 ① 참고)를 정하는 것이다. 책이 정해지면 도서를 복본으로 준비해 도서관에 비치하고, 학교 게시판, 현수막, 엑스배너 등을 이용해 재미난 독서토론카페가 열린다는 소식을 최대한 널리 알린다. 아이들은 도서관에서 책을 빌려서 읽고, 참가신청서를 작성해서 제출하면 된다. 주제도서를 읽고 친구들과 토론하고 싶은 질문을 만들고 자기 생각을 글로 써서 제출한다. 165쪽 '붙임자료② 인문학 독서토론카페 참가신청서 참가글 예시'는 『사랑을 부르는 소녀 바리』(김선우)라는 주제도서로 실시한 독서토론카페에 참가신청한 학생의 글이다. 이 글을 쓴 학생은 바리가 버림받고도 자

독서토론카페 알림 엑스배너와 현수막

기다움을 잃지 않고 사랑의 존재로 거듭난 점에 주목하며, 일상에서 자기다움을 회복하기 위한 방법은 무엇인지 질문을 던졌다.

저자와 함께하는 인문학 독서토론카페 신청서

주제도서 : 내 얼굴이 어때서(오승현)

학번 : 이름 :

1. [저자 선생님께 드리고 싶은 질문]

2. [친구들과 토론하고 싶은 질문]

3. [2에 대한 나의 의견을 한 편의 글로 2페이지 이내로 작성]

『하리하라, 미드에서 과학을 보다』 주제도서 전시대

2단계: 운영진과 카페지기 정하기

독서토론카페 개최가 결정되면 운영진을 꾸린다. 대체로 도서부 또는 독서동아리가 번갈아가면서 맡았는데, 운영진 아이들은 준비 과정 자체를 즐거운 놀이로 만들어갔다. 운영진은 주제음악, 책의 개성에 맞는 드레스 코드(치킨, 머리띠, 양 갈래 머리, 댕기 등), 간식 종류 등을 정한다.

주제도서가 『하리하라, 미드에서 과학을 보다(이은희 지음, 살림, 2010)』였을 때는 평소 과학 분야 책을 주로 읽는 두 개의 독서동아리 '계면활성제'와 'PC방'이 함께 운영진을 맡았다. 아이들은 드레스 코드를 원소주기율표로 정하더니, 모여서 원소 기호가 적힌 머리핀을 만들었다. 칠판 화면에 주기율표를 띄워놓고 그것을 보면서 만들고 순서를 맞추는 모습은 놀이인지 공부인지 구분이

원소주기율표 머리핀을 붙이고 독서토론카페에 참여한 아이들

잘 안 되는 풍경이었다. 화학 선생님이 보면 기뻐하실 것 같아서 사진을 찍어 보내드렸다. 그리고 과학실에서 지구본, 비커 등의 예쁜 실험 도구를 잔뜩 가지고 와서 주제도서 전시대를 아기자기하게 꾸몄다. 계획은 운영진 학생들이 과학실 실험복을 입는 것이었는데, 깨끗한 실험복이 없어서 무산되었다. 책의 성격에 맞는 독서동아리에 운영진을 맡겨서 생긴 즐거운 일이었다.

학교에는 다방면의 재주꾼들이 많다. 음악에 관심 많은 학생에게는 '독서토론카페 음악 선정 위원', 사진 촬영에 재능 있는 학생에게는 '독서토론카페 촬영 위원'의 직함을 주고 전적인 권한을 주었더니, 위원에 위촉된 학생들이 무한의 책임감을 발휘했다. 교사가 선정한 음악보다, 교사가 촬영한 사진보다 훨씬 훌륭했다.

운영진과 함께 일고여덟 개의 토론 카페를 진행할 카페지기도 뽑는다. 신청받아서 카페지기를 정한 적도 있는데, 카페지기의 역할이 생각보다 크고 중요해서 추천 또는 자원을 통해 미리 정하는 방법을 주로 택해 왔다. 카페지기에게 사전 교육을 하는 것이 좋다. 교육이라고 해서 거창한 것은 아니고, 처음에 어색하지 않게 서로 인사도 하면서 분위기를 부드럽게 만들고, 발언을 독점하는 친구나 말하지 않는 친구가 없도록 신경 써 달라는 정도의 내용으로 충분하다.

3단계: **개봉박두! 현장 준비**

드디어 독서토론카페가 열리는 날. 도서관 책상에 화사한 테이블보를 깔고, 칠판 옆에 아이들이 제출한 신청서 의견 글을 알록달록한 종이에 출력해서 도배하듯 붙인다. 테이블에 달콤한 간식 바구니를 준비하고, 주제 음악을 조금 크게 튼다. 여유가 될 때는 풍선도 불어서 여기저기 붙인다. 이제 아이들이 들뜬 표정으로 들어오기 시작할 시간이다. 아이들은 이런 분위기를 즐길 줄 알아서, 어색함 없이 신나게 들어온다. 그리고 시작은 언제나 사진을 한바탕 찍기!

4단계: '돌고 도는' 독서토론카페

운영진 학생들이 사회를 보고, 신청서 글을 두 명 정도 낭독하게 하고, 주제도서 퀴즈놀이도 진행하면서 분위기를 띄운다. 학생들이 제출한 질문을 정리해서 화면에 띄워놓고, 즉석에서 추천과 동의를 통해서 오늘 토론할 대표 질문(일고여덟 개)을 선정한다. 독서토론카페의 진행 과정은 이렇다(169쪽 붙임자료④ 참고).

독서토론카페 진행하기

진행 방식 설명 → 대표 질문 선정 → 카페지기를 제외한 학생은 뒤로 나가기 → 첫 번째 카페 선택(음악), 독서토론(15분) → 질문을 만드는 토론(5분) → 카페지기를 제외한 학생들은 모두 뒤로 나가기 → 카페지기가 새롭게 만든 질문 발표(5분) → 두 번째 카페 선택(음악) 및 카페 토론(15분) → 질문을 만드는 토론(5분) → 카페지기를 제외한 학생들은 모두 뒤로 나가기 → 카페지기가 새롭게 만든 질문 발표(5분) → 세 번째 카페 선택(음악) 및 카페 토론(15분) → 독서토론의 결론을 명제로 만드는 토론(5분) → 발표 및 카페별 질문 과정이 적힌 종이판 전시 → 소감문 쓰기 → 휴식 → 소감문 발표(세 명 정도) → 기념사진 촬영

계속되는 질문 만들기는 생각이 심화·발전되는 과정이 나타나는 것이 가장 바람직하다. 계속 다른 이들이 참여해서 협력하면서 토론의 과정을 만들어 간다. 마지막 결론(명제) 만들기가 어려울 때는 또 하나의 질문을 만드는 것도 허용한다. 카페의 진행은 대체로 원활하다. 이야기가 열띠게 진행될 때는 아이들이 20분 토론을 아쉬워하지만 그대로 진행한다. 이 토론 카페의 재미

가 여기에 있으니!

홍천여고 제1회 독서토론카페의 주제도서는 『우리도 행복할 수 있을까』였다. 덴마크를 거울삼아 우리의 교육과 사회를 성찰하고 행복한 사회의 모습을 그려보기에 좋은 책이었다. 일곱 개의 카페가 열렸는데, 두 개 카페의 질문 형성 과정을 소개한다. 2절 크기의 판에 세 개의 질문과 한 개의 명제만 쓰는데도, 행간에 드러나지 않은 토론의 내용이 어느 정도 짐작이 된다. 고정된 인원이 완성하는 과정이 아니라, 세 번에 걸쳐서 각기 다른 친구들이 모여서 밀고 나가고 마음을 모아서 만들었다. 그래서 더 의미 있다.

독서토론카페는 비경쟁 독서토론이기 때문에, 토론의 과정을 두고 경쟁을 하거나 상을 주지 않는다. 학생들은 20분마다 3회 이동하는 토론의 과정을 '도는 카페'라고 애칭을 지어서 부를 정도로 좋아한다. 60분 동안 한자리에 앉아서 토론하는 것은 견디기 어려운 일이지만, 20분마다 주제음악에 맞춰서 몸을 흔들며 이동해서 새로운 주제로 토론하는 것은 즐거운 일이 되는 것이다. 양쪽 볼이 붉어지도록 열띤 이야기를 하는가 하면, 박장대소가 터지기도 하고, 진지한 이야기가 이어지다가 줄줄 눈물을 흘리기도 한다. 언변이 뛰어난 몇몇이 돋보이는 일이 없고, 서로 경쟁할 필요도 없다. 선배나 카페지기는 '이기는 것' 대신, '협력'을 잘해서 카페가 원활하게 진행되는 것에 마음을 쓴다. 아름다운 마음 씀씀이를 발휘할 수 있다. 여기에 매력이 있다.

독서토론카페 질문 만들기 과정(주제도서 『우리도 행복할 수 있을까』)

[독서토론카페 1]

첫 번째 질문 - 행복이란 무엇일까?

↓

두 번째 질문 - 사회가 바뀌면 행복할 수 있을까?

↓

세 번째 질문 - 행복을 위해서 나는 무엇을 해야 할까?

↓

명제 - 우리는 확고한 인식을 키워서 사회를 변화시킬 힘을 키워야 한다.

[독서토론카페 2]

첫 번째 질문 - 우리나라에서 고졸로 화려한 미래를 꿈꾸는 것은 불가능할까?

↓

두 번째 질문 - 화려한 미래의 기준은 무엇인가?

↓

세 번째 질문 - 화려한 미래가 곧 행복한 미래인가?

↓

명제 - 모두의 행복은 모두 다른 모습이다.

독서토론카페에서 토론 중인 아이들

첫 카페의 열기는 말 그대로 뜨거웠다. 다과와 음악, 예쁜 테이블보, 다양한 헤어밴드를 한 친구들로 꽉 찬 분위기는 독서토론보다는 파티에 가까웠다. 게다가 아이들은 후반부에 들어서면서 얼마나 열을 내며 말하는지 덥지도 않은 실내에서 부채질을 하며 토론했고, "이 카페 경쟁하지 않아서 너무 좋아!"라는 말을 감탄사처럼 외쳤다. 교사인 우리도 뿌듯했고 보람을 느꼈다.

5단계: 생각을 확장하는 심화 글쓰기

카페가 끝난 후, 학생들이 만든 질문 중에 더 생각해볼 만한 주제를 두세 가지 정해서 심화 글쓰기 대회 주제로 발표한다. 전체 과정(독서, 글쓰기, 3회의 토론, 심화 글쓰기)을 통해서 생각이 깊어지고 넓어진 학생을 뽑아서 상을 준다.

7회 독서토론카페에 신청서를 냈던 학생이 토론카페가 끝난 후에 심화 글쓰기에 제출한 글을 살펴보자(167쪽 붙임자료③ 참고). 신청서에서 자기다움을 찾는 방법을 궁금해하던 학생은 토론카페가 끝난 후의 글에서는 '자기다움을 회복한다는 것은 내가 누구인지 이해하고 인지하는 것에서 출발한다'라고 말한다. 당신과 나, 나와 나, 대상과 대상 사이의 아름다운 균형을 꿈꾸게 된다. 명확한 정답을 찾았다기보다는 독서토론카페의 과정에서 생각이 깊어지고 넓어졌다. 이렇듯 독서토론카페의 전체 과정에서 이루어지는 독서는 몹시 입체적이다. 혼자 읽고, 토론 질문을 만들고, 한 편의 글을 쓰고, 함께 3회의 토론을 하고, 다시 심화 글쓰기를 한다. 이 정도면 사랑스러우면서 완벽한 책 읽기라고 할 수 있지 않을까.

저자와 함께하는 독서토론카페

『우리는 차별에 찬성합니다』(오찬호)를 주제도서로 하여 진행된 세 번째 독서토론카페의 분위기는 이전과 사뭇 달랐다. 아이들은 세상을 향해 날카로운 질문을 던졌다.

- 수능 점수로 개인의 역량을 판단하는 것은 정당한가?
- 자기계발서는 우리에게 어떤 영향을 미칠까?
- KTX 여승무원들의 철도공사 정규직 전환 요구는 정당한가?
- 능력, 공부, 성적, 가정 형편, 외모에 따른 차별에 찬성할 수 있는가?
- 10대인 우리에게는 '괴물' 같은 모습이 없을까?
- 우리가 차별을 반대한다면 이 사회는 어떻게 변화할까?
- 잘못된 사회인지 알면서 부정하지 못하는 이유는 무엇일까?
- 열정을 평가할 수 있을까?

질문만으로도 세상에 대한 비판 의식이 날카롭다. 당장이라도 사회를 바꿀 수 있을 것 같은 호기로움이 가득하다. 하지만 세 번의 토론카페를 진행해도 질문은 앞으로 나아가지 못했다. 세상을 향해 던진 질문은 표정 하나 바꾸지 않은 채 현실로 다시 떨어졌다. 15년 이상의 시간을 대한민국에 살면서 영혼에 각인된 '경쟁의식'의 껍데기는 생각보다 단단했다. 카페는 뭔지 모를 무거운 분위기가 감돌았고, 나도 카페가 끝난 후 기분이 시원하지 않았다. 보이지 않는 벽에 부딪힌 기분이었다. 한 권의 책으로 사회가 십 년 넘게 덧씌운 영혼의 껍데기를 깰 수 없었다. 그래서 알게 되었다. 학생들만의 독서토론으로도 무리 없는 책이 있는가 하면,

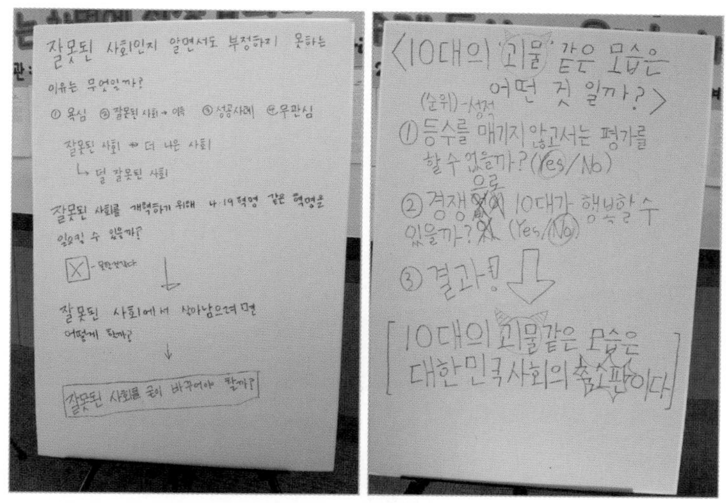

독서토론카페 『우리는 차별에 찬성합니다』 토론 결과판

저자 선생님의 안내가 필요한 책도 있다는 걸.

그래서 『대한민국 치킨전』(정은정)을 주제도서로 정한 네 번째 카페는 저자를 모시고 진행해 보았다. 다행히 저자인 정은정 선생님이 흔쾌히 와 주셨다. 우리가 미리 주제 질문을 보내드리자 저자도 그 내용을 중심으로 강연해 주셨다.

저자와 함께하는 카페에 맞게 진행 순서도 조금 바꾸었다(170쪽 붙임자료⑤ 참고). 먼저 저자가 강연을 하고, 모둠별로 토론을 하며 질문을 만들고 이에 대한 저자의 답변 강연이 이어졌다. 그 다음 토론카페가 2회 진행되고, 소감문을 쓰고 발표하는 순서로 마무리되었다.

그날 우리는 치킨 머리띠를 하고, 치킨에 담긴 사회적 의미를

『대한민국 치킨전』 독서토론 신청서 전시

독서토론카페 저자 소개

독서토론카페 독서토론

카페 교체를 기다리는 아이들

배우고 친구들과 토론하고, 치킨 엽서에 소감문을 쓰고, 마지막으로 식은 치킨을 먹었다. 미리 보낸 질문에 대한 저자 선생님의 답변 강연을 먼저 듣고, 1회의 토론카페를 진행해서 모둠별로 만든 질문을 발표하고, 또 답변 강연을 들은 후에 두 번의 카페를 했다.

그중 한 카페는 '치킨 공화국이라고 할 수 있는 대한민국에서 치킨교의 진정한 교주는 누구일까' 하는 질문으로 시작했다. 옆에서 슬쩍 들으니 치킨교의 교주는 인간의 욕망이라는 송곳같이 예리한 대화를 나누고 있었다. 20분간의 토론 끝에 만든 질문은 '미래에 치킨을 대신할 수 있는 음식은 무엇일까'였다. 새로운 아이들이 카페에 오더니 슬로우 푸드가 확산되리라는 긍정적 전망도 하고, 경제적 계층에 따라서 양극화 현상이 심해질 것이고 서민들은 더 저렴하면서도 건강에 안 좋은 음식을 즐기게 되리라는 웃지 못할 예상을 하기도 했다. 왕성한 수다 끝에 내린 토론의 결론은 '치킨은 우리 사회의 욕망이 반영된 음식이다. 건강한 사회가 건강한 음식을 만든다'였다.

저자 선생님을 모시고 진행한 카페에서 배움의 결이 더욱 섬세해지고 두터워지는 기분이었다. 아이들이 계속 배우고 응원받으면서 진행되는 분위기였다. 전체적으로 흥이 넘치는 것 같으면서도 진지한 토론이 이어졌다. 인생 전체에서 제법 유쾌하고 의미 있는 시간의 점으로 남을 것 같은 날이었다.

누군가에게 배워서 알게 되는 것도 있고, 그저 좋아서 엎어지고 깨지며 알게 되는 배움도 있다. 독서토론카페를 무작정 시작해 연간 3~4회씩 진행하면서 우리가 얻은 배움은 후자에 속하는 듯하다. 그렇게 터득한 몇 가지를 소개한다.

첫째, 책의 특성에 따라서 저자 선생님을 모셔야 하는 경우가 있다. 이건 어떻게 알까? 교사가 직접 읽어보는 것도 좋겠지만, 독서동아리와 같은 한 무리의 아이들에게 미리 읽혀서 반응을 살피는 것도 좋은 방법이라고 생각한다.

둘째, 주제도서는 아이들의 삶과 구체적으로 이어진 내용이면 더욱 좋다. 실제로 해 보니, 교사의 취향에 맞는 책보다 아이들의 삶과 맞닿은 주제의 책에 이야깃거리가 많았다.

셋째, 교사의 엄숙주의는 최대한 내려놓는 것이 좋다. 교사는 책에 대해 지나치게 경건하고 진지한 마음을 가지고 있는 경우가 많다. 솔직히 나도 그런 사람일지 모른다. 그래서 철학적이면서 다소 어려운 책을 주제도서로 정하고 뿌듯해하며, 아이들이 만든 진지하고 지적으로 예리한 토론 질문을 보며 전율을 느끼기도 했다. 하지만 이러한 마음으로는 '누구나 좋아하는 파티' 같은 독서토론카페를 열기 힘들었다. 경험해 보니 아이들은 언제라도 '책'으로 '파티'를 열 수 있는 마음의 준비가 이미 되어 있다. 교사만 변하면 된다.

넷째, 대다수 학생들이 이해할 수 있는 주제도서를 고른다. 전국 시·도 단위의 독서토론 캠프에는 각 학교에서 매우 총명한 학생들이 선발되어서 올 가능성이 높다. 따라서 어른들도 지적인 충족감을 느낄 수 있는 주제도서를 정해도 크게 무리가 없다. 하지만 학교의 독서토론카페는 누구나 와서 즐길 수 있어야 한다. 그러니 주제도서는 총명한 학생들만 잘 읽을 수 있는 책으로 정해서는 안 된다. 학교에서 절반 이상의 학생들이 거뜬히 읽을 수 있는 책으로 정하는 것이 성공 비결이다. 그래야 거듭할수록 인기가 하늘을 찌르게 된다.

독서토론카페를 하다 보면 아이들의 변화가 눈에 확 들어오는 순간들이 있다. 『이것은 왜 청춘이 아니란 말인가』의 저자 엄기호 선생님이 오셨던 일곱 번째 카페도 그랬다. 선생님은 주위 어른들이 생전 해주지 않는 이야기를 많이 해주셨다. 아이들은 '자신의 한계를 스스로 알아야 한다' '물 속에서 숨을 오래 쉬는 해녀가 꼭 더 멋진 것만은 아니다' '멋있는 사람이 되어야 한다' '자신을 보살피며 무리하지 않아야 한다'라는 이야기가 무척 낯설었다고 한다. 아이들의 사고(思考)에 아름다운 균열이 생기는 소리가 귀에 들리는 듯했다.

우리는 상상한다. 금이 간 균열 안으로 세상의 자유로운 바람과 눈부신 햇살이 들락날락하는 모습, 그 바람과 햇살을 통해 아이들의 영혼에 꽃도 피고 풀도 자라는 모습을.

붙임자료① 인문학 독서토론카페 주제도서 목록

	주제도서	주제	저자 초청	드레스 코드	주제음악
제1회	우리도 행복할 수 있을까 (오연호)	행복한 삶을 꿈꾸다		머리띠	아이스크림 케이크
제2회	공부의 달인, 호모 쿵푸스 (고미숙)	공부, 삶과 만나다		스카프	보기 드문 여자
제3회	우리는 차별에 찬성합니다 (오찬호)	차별을 생각하다			
제4회	대한민국 치킨전 (정은정)	치킨을 통해서 대한민국을 보다	○	치킨	첫눈 그리고 첫 키스
제5회	왜 우리는 대학에 가는가 (EBS 제작팀)	내 삶의 주체로 서다		양 갈래 머리	얌얌
제6회	이것은 왜 청춘이 아니란 말인가 (엄기호)	청춘이 빛나다	○	청(靑)	취향저격
제7회	희망을 부르는 소녀 바리 (김선우)	사랑을 말하다	○	댕기	좋은 일이 있을 거야
제8회	사람답게 산다는 것 (오창익)	사람답게 사는 것을 생각하다	○		크리스마스니까
제9회	내 얼굴이 어때서 (오승현)	당당한 나를 찾다	○	리본	
제10회	예민해도 괜찮아 (이은의)	평등한 우리를 꿈꾸다	○	새싹핀	SIGNAL
제11회	하리하라, 미드에서 과학을 보다 (이은희)	과학과 만나다	○	원소 주기율표	인터스텔라 OST

제7회 인문학 독서토론카페 참가신청서 참가글

2311 박수정(2018년 졸업)

[토론하고 싶은 주제]

자기다움을 회복하기 위해 일상에서 우리가 할 수 있는 일은 뭘까?

책 속의 바리는 아들을 중시하는 기성의 권력제도에 의해 부모에게서 버려진다. 그럼에도 불구하고 그녀는 완전한 사랑의 존재로 거듭나게 되는데, 그녀가 자기다움을 잃지 않았기 때문이다. 부조리한 권력은 바리를 버렸지만 바리는 스스로를 버리지 않았다. 친부모 없이 자랐기 때문에 성장 과정 중에 깊은 외로움과 슬픔을 느끼기도 하지만 그녀는 그녀 자신이 무엇을 좋아하는지 알고, 인간 근원의 장소인 자연 속에서 자신을 찾을 줄 알았다. 버려졌으므로 더욱 자신을 사랑하며 참된 자아의 모습을 찾아가는 바리. 자기다움이 무엇인지를 아는 선구적이고 지혜로운 사람이다.

반면 우리는 우리 자신이 무엇을 좋아하고, 어떨 때 기분이 좋고, 무엇을 즐기고 어떤 것을 잘하는지 잘 알지 못한다. 기성의 권력에 역류하며 자기다움을 다듬어 나가 마침내 부조리함을 사랑으로 모두 덮어버렸던 바리와는 달리 우리는 권력의 흐름에 자신의 몸을 맡겨 버렸다. 자신을 사랑하지 않고 가치 없는 사람이라 여기며 나 자신을 깊이 들여다볼 수 없는 우리의 모습에서는 자기다움을 찾기가 힘들다.

자신을 버렸다는 것을 깨우치는 것은 사실 조금 힘든 일이다. 흐르는 물에서 몸에 힘을 빼고 가만히 있으면 쉽게 물살을 타는 것 같이 기성의 흐름에 몸을 맡기고 흘러가고 있는 사람은 자신의 원천이 어딘지 결코 알지 못한다. 자기다움을 찾고 싶다면 물살을 헤쳐서 나갈 각오를 하고 발걸음을 내디뎌야 한다. 스스로 느끼고 알아차리고 앞으로 나아가는 것이다. 그것이 진정으로 자기다워지는 첫걸음이다. 부딪혀 오는 물결의 힘을 뚫고 자신을 사랑하는 마음으로 나에게 주어진 서천서역국으로 모험을 떠나야 한다.

자기다움을 회복한 사람은 자신을 버렸던 그전의 상태로 되돌아가지 않기 위해 자신을 더 철저히 사랑할 것이다. 내면에서 샘솟는 사랑이 자신의 경계를 뚫고 나가 남에게로 번져가는 삶. 이것이 진정으로 아름다운 삶의 모습이 아닐까? 이 세상에는 우리를 포함해서 많은 '바리데기'들이 존재한다. 내면의 잃은 자아를 찾으려고 노력할 때 우리도 모험을 하고, 사랑을 하게 될 것이다. 이렇게 일련의 과정을 거친 바리데기들은 사회에 만연한 분노의 감정들에 아량을 베풀어 서로를 이해하는 관용의 자세를 가질 것이리라. 그것이야말로 현재 우리가 추구하는 개성과 이해, 존중이 공존하는 사회가 아닐까?

진정한 자기다움을 찾을 때 사람은 비로소 자유로워진다. 내면의 변화는 외적인 큰 사건에서부터 벼락 맞듯이 급작스럽고 요란하게 일어나지는 않는다. 내 삶을, 내 일상을 새롭게 바라볼 때, 그때 내면의 변화가 시작되는 것 같다. 사소한 것에서부터 내 모습을 발견하기 위해 노력해야 할 것이다. 새로운 눈으로 기존의 세상과 사물을 바라볼 때 진정한 자기다움을 발견할 수 있는 것 아닐까?

제7회 인문학 독서토론카페 심화글쓰기

거리감에 관하여

2311 박수정(2018년 졸업)

"너와 거리감이 없었으면 좋겠어……."

만약 당신이 상대를 진정으로 아끼고 사랑한다면 이런 말은 자제하기를 바란다. 인간관계에서 거리감이란 반드시 있어야 하기 때문이다. 거리감을 없애자는 것이 왜 부적절한 표현이냐고? 거리감을 없앤다는 것은 상대의 자기다움에 내가 관여하겠다는 주제넘은 소리이기 때문이다. 상대와 가까워지고 싶다는 긍정적인 의도를 너무 부정적으로 표현한다 싶겠지만 거리감이라는 것이 상당히 중요한 요소이기 때문에 조금 강하게 이야기해 봤다.

너무 복잡하다면 조금 쉽게 표현해 보자. 코끼리를 아주 가까이서 다리만 본다면 단지 기둥으로만 인식할 가능성이 높다. 하지만 어느 정도의 거리를 두고 본다면 코끼리라는 것을 금방 인지할 수 있을 것이다. 이렇듯 어느 정도의 거리감은 내 앞의 것을 조금 더 객관적으로 확실히 볼 수 있게 돕는다. 상대방과 나도 그렇다. 일정 간격의 거리를 두지 않고 친밀한 관계라는 이름으로 너무 붙어서 지낸다면 각자의 자기다움에 관여하기 때문에 오히려 꼭 필요한 거리를 두는 것이 서로를 이해하는 데 도움이 된다.

이 사실은 비단 상대방과 나 즉 외적인 관계에서만 성립하는 것이 아니다. 나와 나 즉 내적인 관계에서도 성립한다. '나'라는 존재는 세상 어떤 것보다 그 누구보다 '나'와 가깝다. 너무 가깝기에 나와 나를 아예 인식하지 못하는 사람도 있다. 『지킬 앤 하이드』처럼 양극단적인 존재로서의 나와 나만 의미하는 것은 아니다. 여러분도 행동하는 나에 대해 인지하고 생각하는 나로서의 나를 경험해 봤을 것이다. 그런 의미의 '나들'이다.

상대방과 서로의 존재를 객관적으로 인지하기 위해 거리감이 필요하듯이 나를 객관적으로 인지하는 데에도 나와 나 사이에 거리감이 필요하다. 무언가에 '그것다움'을 채워 넣기 위해서는 먼저 객관적 존재로서의 인지가 필요하다. 자기다움을 만들어 가는 것도 그렇다. 내가 누군지 모른 채 깊이 더 깊이 내 속으로 들어가려 한다면 길을 잃기 쉽다. 자기다움을 찾겠다고 나를 파악하기도 전에 나에게 딱 붙어서 내 속으로 더 파고들려고 한다면 어디가 어떻게 생겼는지 몰라 울퉁불퉁한 자아를 만들 수도 있다. 나는 개인적으로 이기주의, 남을 비하하려는 행동 등이 잘못된 자아 탐색 과정에서 나타난다고 생각하기 때문에 여러분에게 내 존재의 객관적 인지를 강조하고 있는 것이다.

나에게 거리감을 두고 존재로서의 나를 천천히 바라보는 그 순간에 자기다움이 시작된다. 거리감은 상대뿐만 아니라 나를 위해서도 필요하다. 자기다움을 만들어 가고 싶다면 스스로에게 거리감을 두고 객관적으로 바라보라. 새로운 일면의 자기다움을 찾는 즐거움을 느낄 수 있을 것이다. 태양, 지구, 달이 완전한 공전, 자전을 이루며 자기다움의 균형을 유지하는 것은 서로의 중력에 방해받지 않을 만큼의 거리를 확보하고 있기 때문이다. 공전으로 상대방과의 관계를 유지하고 자전으로 나를 찾아가는 그 우주의 아름다움이란!

자기다움을 회복한다는 것은 내가 누구인지 객관적으로 인지하기 시작하는 것이다. 그리고 그 도구로서 거리감을 적극 활용해야 하는 것이다. 나 자신에 너무 가까이 붙어 오히려 자기다움을 상실하지 말자. 나는 누구인지, 내가 나에게 거리를 두고 객관적으로 인지하는 것으로 자기다움의 회복을 시작해 보자. 우리도 완전한 우주의 아름다운 균형을 이룰 수 있을 테니!

붙임자료④ 일반적인 인문학 독서토론카페 진행 순서 (2시간 20분짜리 프로그램의 경우)

순서	내용	시간(분)	비고
1	몸 풀기 시간 (사회자)	15	신청서 낭독, 주제도서 퀴즈 등
2	진행 방식 설명 (사회자) 카페별 대표 질문 선정		
3	첫 번째 토론 주제 발표 (카페지기)	5	다른 아이들은 뒤쪽으로
4	카페 선택 및 이동		배경음악
5	**첫 번째 토론카페**	**15**	
6	질문을 만드는 토론	5	
7	두 번째 토론 주제 발표 (카페지기)	5	다른 아이들은 뒤쪽으로
8	카페 선택 및 이동		배경음악
9	**두 번째 토론카페**	**15**	
10	질문을 만드는 토론	5	
11	세 번째 토론 주제 발표 (카페지기)	5	다른 아이들은 뒤쪽으로
12	카페 선택 및 이동		배경음악
13	**세 번째 토론카페**	**15**	
14	토론의 결론을 명제로 만드는 토론	15	
15	발표		
16	카페별 질문 과정이 적힌 종이판 전시		
17	**소감문 쓰기**	**10**	
18	휴식	15	
19	소감문 발표	15	3명
20	기념사진 촬영		
		140	

붙임자료⑤ 저자 초청 독서토론카페 순서 (3시간짜리 프로그램의 경우)

<table>
<tr><th>순서</th><th>내용</th><th>시간(180분)</th><th>비고</th></tr>
<tr><td>1</td><td>사전 행사(독서 퀴즈, 저자 소개, 진행 방법 안내 등)</td><td>20</td><td></td></tr>
<tr><td>2</td><td>미리 보낸 주제 질문에 대한 저자 선생님의 강연</td><td>40</td><td>저자 강연</td></tr>
<tr><td>3</td><td>모둠별 토론-모둠별 질문 만들기-발표</td><td>20</td><td>토론</td></tr>
<tr><td>4</td><td>모둠별 질문에 대한 저자 선생님의 답변 강연</td><td>30</td><td>저자 강연</td></tr>
<tr><td>5</td><td>휴식</td><td>10</td><td></td></tr>
<tr><td>6</td><td>첫 번째 토론 카페</td><td rowspan="2">20</td><td>토론</td></tr>
<tr><td>7</td><td>카페지기 발표 및 이동</td><td></td></tr>
<tr><td>8</td><td>두 번째 토론 카페</td><td rowspan="2">20</td><td>토론</td></tr>
<tr><td>9</td><td>카페지기 발표</td><td></td></tr>
<tr><td>10</td><td>소감문 쓰기 및 발표
종료 및 뒷정리</td><td>20</td><td></td></tr>
</table>

붙임자료⑥ 저자 초청 독서토론카페 순서 (2시간 30분짜리 프로그램의 경우)

순서	내용	시간(150분)	비고
1	사전 행사(독서퀴즈, 저자 소개 등)	10	
2	미리 보낸 주제 질문에 대한 저자 선생님의 강연	40	저자 강연
3	모둠별 토론-모둠별 질문 만들기-발표 생성된 질문 발표와 동시에 PPT 화면으로 띄우기	30	토론
4	휴식	10	
5	(생성된 질문에 대한) 저자 선생님의 답변 강연	30	저자 강연
6	소감문 쓰기 및 발표, 행사 뒷정리	30	

독서 토론 카페

3장

독서토론, 파티가 되다 : 지역 동아리연합 독서토론파티[6]

'낯섦'은 '다름'이 되어 서로를 끌어당긴다. 쭈뼛거리던 마음은 호기심으로 바뀌고, 친구들의 입에서 나오는 말들이 게으른 뇌세포에 강력한 자극을 주어 생각하게 한다. 저자 선생님을 만날 생각에 들떴던 마음이 차분해지고 스스로를 돌아보게 된다. 나는 잘 살고 있는 것일까? 학교가 달라도, 그날 처음 만났어도 소외된 사람 없이 모두가 반짝거리는, 독서토론으로 파티를 열고 있는 홍천의 한 학교, 어느 토요일 오후 모습이다.

아이들이 좋아할 '무엇'이 무엇일까?

강원 지역에는 오래전부터 여러 학교의 학생들이 같은 책을 읽고 함께 모여 저자의 강연을 듣고 소통하는 청소년 독서아카데미의 전통이 이어져 내려온다. 춘천, 원주, 속초 등의 시(市) 지역뿐 아니라 인제나 홍천 같은 군(郡) 지역에서도 각 지역의 상황과 여건에 맞게 함께 읽기를 공동체의 경험으로 만들기 위해 노력하고 있다.

홍천 지역 청소년 독서아카데미의 시작은 인근 시(市)인 춘천에서 열리는 행사에 참여하면서부터이다. 독서동아리가 함께 교류할 수 있는 기회가 적었던 2010년경, 여러 학교 독서동아리가 연합하여 개최하는 청소년 독서아카데미가 신선하고 멋지게 다가왔다. 학교 도서부[7] 학생들과 주제도서를 읽고 난 후 행사가 열리는 주말이면 춘천으로 향했다. 시내버스와 시외버스를 세 번 갈아타고서야 행사장에 도착할 수 있고 주말 하루를 온전히 쏟아부어야 가능한 일정이었지만, 같은 책을 읽고 모인 수백 명의 학생들, 강당을 가득 메운 맑은 눈, 세상에 대한 궁금증을 표현하는 진지한 말들을 듣고 보는 것만으로도 좋았다.

---

6 홍천 지역 독서동아리 지도 교사들을 대표해서 활동 내용을 정리하지만 모든 것은 여러 헌신적인 선생님들의 노력으로 함께 이룬 것임을 밝힌다.

7 2011년만 해도 자율 독서동아리에 대한 인식이 척박했던 때라 대부분의 학교에는 도서관의 대출 반납을 도와주는 틈틈이 함께 책을 읽는 도서부가 전부였다. 앞선 선생님들의 노력 덕분에 몇 년 사이에 독서동아리가 학교의 독서활동을 이끌어갈 수 있게 된 것이다.

작은 시골 마을의 학교에서 책을 읽는 아이들은 소수이다. 게다가 책 읽는 것이 청소년들 사이에서 환영받는 문화도 아닌데 독서를 통해 성장하는 또래의 생생한 모습을 목격하게 되니 그 자체가 아이들에게는 문화 충격이었고 새로운 문화와의 만남이었다. 생전 처음 느껴보는 전혀 다른 종류의 감정에 아이들은 몸이 달았다. 우리 또한 우리 사회의 희망을 보는 것 같아 신이 났다.

하지만 평소 크게 교류가 없는 지역의 행사이다 보니 아이들 스스로 주인 의식을 가지고 참여하는 데에는 한계가 있었다. 책을 매개로 한 관계를 형성하는 것에 어려움이 많다 보니 감동도 지속되지 못하였다. 이러저러한 고민을 하던 즈음 강원도교육청에서 지역별 청소년 독서 아카데미 활성화를 위한 지원 사업을 전개했다. 이 기회에 홍천만의 청소년 독서아카데미를 열자고 여러 학교 선생님들이 의기투합하게 되었고, 그 결과 강원생활과학고·서석고·홍천농고·홍천고 4개 학교를 중심으로 한 홍천지역 청소년 독서아카데미가 꾸려졌다.

오랜 경험을 바탕으로 안정적으로 운영되고 있는 춘천의 청소년 독서아카데미에 참가해서 보고 배운 것을 토대로 틀을 짰다. 저자 및 주제도서 선정, 학교별 공지 및 독서동아리를 중심으로 사전 독서와 토론 진행, 저자 강연 후 질의·응답, 학교별 기념촬영으로 구성된 본 행사 외에 동아리 자랑 시간, 주제도서 퀴즈대회, 저자 소개 등을 학교별로 나누어 맡았다.

이렇듯 행사의 전 과정을 아이들 중심으로 끌어간다고 해서 아이들 사이에 갑자기 교류가 활발해지는 것은 아니었다. 같은 지역이라는 것 말고는 관심사가 워낙 다양한 학생들이 모이다 보니 뭔가 함께 뭉쳐지는 느낌이 없었다. 일선 학교에서도 저자 초청 행사가 종종 열리다 보니 일방적 강연의 매력도 상대적으로 약했다. 방송도 쌍방향 소통의 시대다. 청소년에게 매력적으로 다가갈 만한 특별한 '무엇'이 필요하다는 고민을 하게 되었다. 그 '무엇'을 찾아야 한다!

함께 읽기를 넘어선 그 '무엇'

3년간 강원 고교생 인문학 독서토론 캠프 운영진으로 활동했던 경험과 강원생활과학고의 독서토론카페 실천 사례를 바탕으로 2015년 11월, 『나는 무슨 일 하며 살아야 할까?』의 저자 송승훈 선생님을 모시고 비경쟁 독서토론 방식을 활용한 행사를 열었다. 강연 중심의 일방적인 행사에서 벗어나 저자와 소통하기 위해 행사 전에 각 학교 독서동아리별로 독서와 독서토론을 진행하였다. 그 과정에서 만들어진 사전 질문을 저자에게 보냈다. 학생들은 '잘하는 일과 좋아하는 일 중에서 어떤 일을 택해야 할까' '작가님이 생각하는 가장 아름다운 단어' '직업에 귀천이 없다는 마인드를 가지려면 어떻게 해야 하나' '청소년 노동에 대한 부정적 인식은 어떻게 개선할 수 있을까' 등 일상을 살아가며 만나게 되는 다양한 질문을 쏟아냈다.

행사 당일, 학생들은 저자가 준비해 온 답변 강연을 듣고 친구들과 모둠 토론을 진행하며 사고의 폭을 확장할 수 있었다. 모두의 힘으로 만들어 낸 또 다른 질문과 저자의 2차 답변 강연을 들으며 협력의 즐거움과 독서토론의 의미를 맛보게 되었다. 아이들은 토론을 통해 자신들이 궁금한 내용을 정리하여 저자에게 던지고 그에 대한 답변을 듣는 과정을 재밌어하였고, 사고의 폭과 깊이를 더해가는 아이들을 지켜보는 교사들 역시 즐거웠다. 일방적인 강연과는 달리 생기 넘치는 시간을 보내고 난 뒤 우리들은, 새해를 맞이하여 홍천 지역만의 '독서동아리 연합 인문학 독서토론파티'를 열기로 약속하였다.

우리만의 파티 원칙

인문학 독서토론파티는 교내 독서동아리들이 모이는 독서토론카페를 교문 밖으로, 홍천군 지역 전체로 확장한 것이다. 홍천 지역 학교 독서동아리들이 한자리에 모여 저자 초청 강연과 토론을 함께 진행하는 것으로, 책과 독서토론으로 신나게 논다는 개념에서 이름도 독서토론파티라고 붙였다.

처음 행사를 기획하며 나름의 몇 가지 원칙을 정했다. 우리의 목표는 홍천지역 청소년들이 함께 읽기의 매력에 빠져 지역의 새로운 청소년 문화를 만들어갈 주체적이고 자발적인 힘을 갖게 하는 것이다. 이를 위해서는 지역의 모든 학교가 참여하는 것이 첫 번째 원칙이다. 몇 년간 청소년 인문학 아카데미에 참여하면서 관내 고등학교 독서동아리 지도 선생님들과 탄탄하게 연결되어 있기에 가능했다. 2016년 관내 고등학교 6개교를 시작으로 2017년에는 중학교 2개교까지 총 8개 학교가 함께하게 되었다.

두 번째 원칙은 학교 독서동아리를 중심으로 철저한 사전 독서와 독서토론을 하는 것이다. 독서토론이 활발하게 이루어지기 위해 가장 중요한 활동이 사전 독서이다. 책을 읽고 오지 않아 대화에서 소외되는 일이 없도록 학교별 담당 선생님이 책임지고 지도한다. 선생님은 파티 당일 학생들을 인솔하는 책임도 맡는데, 선생님이 함께 참석하면 교사 간 연계도 자연스럽게 이루어지고 비경쟁 독서토론을 경험해 보지 못한 학교를 위한 교사 교육의 기회도 되어 여러모로 유익하다.

세 번째 원칙은 경쟁을 부추기고 열등감을 심어주는 경쟁 방식의 독서토론을 지양하고 비경쟁 독서토론 방식을 취하는 것이다. 형식은 내용에 많은 영향을 미친다. 자유로운 분위기 속에 많은 친구와 함께하는 비경쟁 독서토론은 책을 읽고 이야기 나누는 즐거움을 만끽하게 해준다. 만나서 쭈뼛거리는 시간은 잠시, 다른 학교 학생들의 입에서 쏟아져 나오는 진지하면서도 발랄한 말에 아이들의 영혼은 금세 부드러워졌다.

하지만 아무리 좋은 것이라도 단 한 번의 행사로는 그 재미와 맛을 제대로 알 수 없는 법. 일 년에 한 번 하면 이벤트에 불과하지만 여러 번 하면 문화와 전통이 될 수 있다는 믿음으로 여러 번 파티를 여는 것을 마지막 원칙으로 삼았다. 예산과 학교 일정 등을 고려했을 때 분기별 1회씩 총 4회가 가장 적절하다고 생각하여 파티를 계획하였다(188쪽 붙임자료①, 189쪽 붙임자료② 참고). 우리의 예상대로 계절마다 열리는 독서토론파티에서 홍천 지역 청소년들은 함께 읽기의 즐거움에 서서히 빠져들어 갔다.

귀여운 파티꾼들, 모이다

독서토론카페와 마찬가지로 파티의 카페지기는 자기가 맡은 카페의 독서토론을 진행하는 중요한 역할을 담당한다. 독서토론카페와 독서토론파티의 차이는 같은 학교 동아리끼리 하는 것이냐, 다른 학교 동아리들과 하느냐라고 할 수 있을 정도로 프로그램 구성과 진행 방법에서 유사한 점이 많다. 카페지기는 사전에 각 학교 선생님들께 토론을 진행할 만한 역량을 지닌 학생을 추천받아 선정하고, 사전 교육을 위해 좀 더 일찍 모임 장소에 오도록 하는 것이 좋다. 카페토론 진행 방법(카페 참가자들에게 질문이 나온 맥락을 설명하고, 균등한 발언 기회 보장하기, 질문 선정 후 발표하기)을 지도하고 일반 참가자들과는 차별화된 드레스 코드도 정하게 한다. 시간이 되면 아이들이 속속 도착하는데, 이때 한 학교 학생들이 몰려서 앉게 되면 '함께하기'라는 행사의 취지에 맞지 않기 때문에 미리 '자리 뽑기'를 준비하여 자연스럽게 섞여 앉을 수

독서토론파티 안내 일정 공지

독서토론파티에 쓸 질문판 준비

독서토론파티 진행 모습

있게 한다.

행사 진행부터 운영, 마무리까지 학생들이 모두 맡아 한다(189쪽 붙임자료③, 190쪽 붙임자료④ 참고). 독서토론파티의 주인은 아이들이기 때문이다. 사회자 학생들의 진행으로 학교별로 준비한 주제도서 퀴즈대회, 학교별 독서동아리 소개 등을 하면 분위

독서토론파티의 시작, 모둠원끼리 자기소개 및 인사

모둠별 독서토론 중인 모습

독서토론파티 후 다 함께 기념사진 촬영

독서토론파티 행사 일정

카페지기, 사회자 교육 → 주제도서 관련 독서퀴즈대회 → 독서동아리 소개 → 휴식 → 저자 소개 → 사전 질문에 대한 저자의 답변 강연 1 → 카페별 토론 진행 후 질문 만들기 → 생성된 질문에 대한 저자의 답변 강연 2 → 학교별 소감 발표 → 폐회식 및 다음 독서토론파티 안내 → 학교별 기념사진 촬영

기가 한층 흥성거린다. 작가 소개가 끝난 후 강연을 듣는데, 이때 강연 내용은 학생들이 사전에 제출한 질문에 대한 답변의 성격을 지닌다. 책을 읽고 자신들이 한 질문에 대한 답변을 듣는 시간이기 때문에 분위기는 진지하면서도 뜨겁다. 『소수의견』의 저자 손아람 선생님의 경우, PPT 화면 없이 오로지 말로만 강연하셨는데도 학생들이 이야기에 몰입했다. 사전 독서가 힘을 발휘하는 순간이었다.

사전 질문에 대한 답변 강연이 끝나면 카페별로 20분 동안 토론을 진행하고 질문을 생성한다. 이때 토론은 저자의 강연, 책의 내용, 그 외 책과 관련하여 자유롭게 떠오르는 생각 등 어떤 것이라도 좋다. 카페별로 질문 만들기가 끝나면 카페지기의 질문 발표를 듣는다. 저자는 학생들이 만든 질문을 듣고 답변 강연을 진행한다. 중간에 아이들이 토론할 시간을 주었을 뿐인데 일방적인 강연과는 비교도 안 될 정도로 집중도가 높았고, 분위기도 즐거웠다. 그저 듣기만 하는 것은 사람을 수동적으로 만든다. 특히 에

너지가 넘치는 청소년에게는 힘겹고 재미없는 일이 될 수밖에 없다. 하지만 책을 읽고 질문하고, 질문에 대한 강연을 듣고 다시 질문하고 답을 듣는 독서토론파티의 과정은 학생들을 주체적인 존재로 만들어 질문하고 생각하게 한다. 살아 있는 생명에게서 느껴지는 에너지가 파티장 분위기를 생생하게 만들어 준다.

모든 강연이 끝난 후 소감을 작성한다. 오늘 느낀 감정이 달아나기 전에 기록을 남기는 시간이다. 이때 각 학교 선생님들은 학생들의 소감문을 읽고 학교별로 한 명의 학생을 정하여 소감 발표를 하게 한다. 행사에 대한 다른 사람의 소감을 듣는 것은 중요한 마무리 과정 중 하나이다. 저자 선생님과 기념 촬영까지 하면 토요일 오후의 시끌벅적 유쾌했던 파티도 끝이 난다. 홍조 띤 얼굴로 방글거리며 한층 밝은 표정으로 집으로 향하는 아이들을 보노라면 교사들도 덩달아 생글거리게 된다.

지역 연합 모임의 어려움

계획을 실천으로 옮기는 과정에서 여러 가지 어려움이 많았다. 첫 번째 어려움은 학교 간 연결이 쉽지 않다는 것이다. 홍천은 군 지역 중에서 가장 면적이 넓은 곳인 데다 여러 학교가 흩어져 있다 보니 교사들이 얼굴을 맞대고 무엇인가를 도모하기가 힘들다. 다행히 정보통신 기술 덕분에 직접 만나지 않고도 메신저로 의사소통하지만, 가능하면 행사 전에 함께 모여 회의하고 진행 과정

『빈 의자에 새긴 약속』의 김서경, 김운성 저자와 함께하는 독서토론파티

나비 스티커를 나눠주는 운영위원들

위안부 소녀상과 나비 스티커

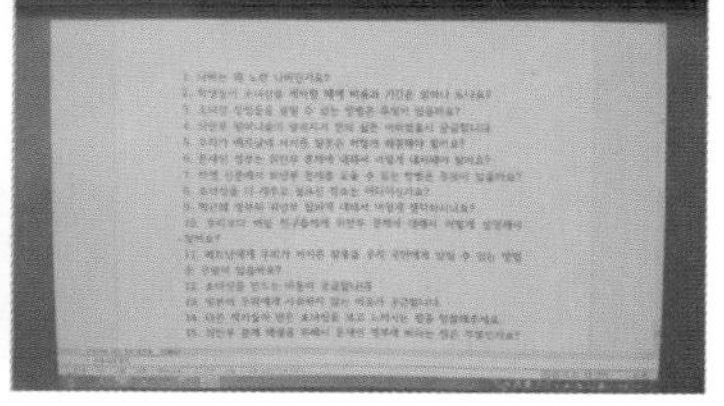

저자에게 질문할 내용을 정리해 화면을 띄운 것

모둠별로 토론 중인 모습

질문 있어요!

을 점검하려고 노력했다. 새 학년, 공립학교 교사의 인사 이동도 모임에 영향을 끼친다. 함께 활동하던 선생님이 다른 지역으로 전근 가면 연결이 어려운 경우가 종종 생기곤 하였다. 다행히 여러 해 계속하다 보니 전임 선생님이 새로 오신 선생님께 인계를 잘해 주시기도 하고, 아이들이 새로 오신 선생님께 부탁하여 학교 간 연결이 이어질 수 있었다.

두 번째 어려움은 공간의 문제이다. 작은 지역 사회에서 100명 가까운 학생들이 한꺼번에 모여 강연을 듣기에 적합한 공간을 찾기는 쉽지 않다. 처음엔 홍천교육지원청의 도움으로 교육청 대회의실에서 강연을 진행하였다. 이후 참여하는 학생들의 수가 점점 늘어나면서 공간 문제를 고민하던 중, 홍천군에서 운영하는 문화센터에 좋은 시설을 갖춘 강연장이 있다는 사실을 알게 되었다. 무더운 여름 토요일 오후, 쾌적한 환경에서 이루어지는 강연을 기대했지만, 토요일엔 담당자가 근무하지 않아 냉방도, 컴퓨터 사용도 불가능했다. 지역 청소년이 함께 모여 책 읽고 강연 듣는 행사이고 사전 공문을 보내 협조를 요청했는데도 전혀 배려가 없었다는 사실에 화나고 속상한 날이었다. 이후에는 좀 좁긴 하지만 홍천여고 도서관에서 행사를 이어갔다. 한 아이가 자라는 데에는 온 마을이 필요하다는 말이 있다. 지역 청소년들이 다른 일도 아니고 책을 읽기 위해 모이는 일에 지역 공동체의 지원이 함께한다면 얼마나 좋을까? 청소년들이 마음 놓고 책을 읽고 토론할 공간이 없다는 점을 어른들은 반성해야 하지 않을까?

세 번째 어려움은 예산 확보의 문제이다. 여러 학교가 모여 하는 행사이다 보니 언제나 예산이 문제가 된다. 처음 청소년 독서아카데미를 시작할 때에는 강원도교육청 지원 사업이 있었다. 그러나 교육청 단위 사업이 사라지면서 안정적인 행사 운영이 어려워졌다. 전교조 홍천지회나 책읽는사회문화재단 등 도움을 요청할 수 있는 모든 곳에 적극적으로 호소하여 근근이 행사를 운영해 가고 있지만 당장 다음 해를 기약할 수 없는 상황에서 행사를 지속시켰다.

사실 이런 어려움은 어찌어찌 주변의 도움과 정성으로 헤쳐나갈 수 있다. 그 과정에서 힘을 얻기도 한다. 행사가 해를 더해가면서 그만큼 주변의 기대감도 높아졌다. 그 기대 중의 하나는 지역의 중고등학교를 아우르는 행사가 되었으면 하는 것이었다. 그러나 활동하는 선생님들이 모두 고등학교에 근무 중이었고, 중학교까지 확대될 경우 늘어난 인원을 감당할 수 있는 공간 확보가 어렵다는 점, 대상을 확대하기보다는 독서동아리 활동의 내실화를 기하고, 새로운 형태의 청소년 독서아카데미 모델과 실천 사례를 만들어 보자는 생각으로 고등학교 독서동아리만을 대상으로 하였다. 주위의 애정 어린 충고에 의기소침해지기도 하고 많은 바람들이 주는 무게로 휘청거릴 때도 있었지만 새로운 길을 만든다는 생각으로 꿋꿋하게 걸었고, 그 노력의 결과로 2017년에는 지역 공립 고등학교 6개교 전부와 중학교 2개교가 함께하는 파티를 열었다.

시간은 우리를 어디로 데려갈까

2016년 가을, 『25년간의 수요일』의 저자 윤미향 선생님과 함께 한 세 번째 독서토론파티 때였다. 만남 속에 싹튼 관계가 어떻게 아이들을 변화시키는지 뚜렷이 느껴졌다. 학생들은 강사 소개를 위한 자료를 만들고, 행사에 참여한 친구들에게 자신들이 만들어 온 나비 배지를 붙여 주고, 서로의 안부를 물으며 반가워하였다. 그냥 강연만 들었다면 생기지 않았을, 상대방의 영혼을 살짝 맛본 이들에게만 형성되는 어떤 것이 아이들에게서 느껴졌다. 함께 책을 읽고 토론하는 과정에서 맺어진 관계, 그 관계를 기반으로 모든 순서가 저절로 굴러가는 듯했던 그날. 서로를 배려하고, 그러면서도 자기 생각을 말하기에 주저함이 없던 시간. 함께한 시간은 아이들을 훌쩍 자라게 하였다.

생글거리며 서로의 눈을 바라본다. 한껏 멋을 부리고 흥겨운 음악에 몸을 맡긴다. 알록달록 마법의 간식은 다물었던 입과 마음을 모두 열게 한다. 더 이상 골방에서 혼자 하는 독서는 없다. 책을 읽고 질문하고, 함께 토론하며 또다시 질문을 한다. 개인으로서의 '나'를 넘어서 사회적 존재로서의 '나'를 발견하며 생각을 확장해 가는 귀여운 '파티꾼'들이, 홍천에는 있다.

멋지기 때문에 놀러왔지
내한민국 치킨전

붙임자료① 독서토론파티 계획서 예시

홍천지역 학생들의 인문학적 소양을 기르고 독서토론을 통한 협력의 즐거움을 경험하게 하기 위하여 홍천지역 중고등학교 독서동아리 연합 인문학 독서토론파티를 개최하고자 합니다. 이에 따라 학교별 참가 희망 신청을 받습니다.

1. 행사명 : 홍천지역 중고등학교 독서동아리 연합 인문학 독서토론파티
2. 참가대상 : 홍천지역 중고등학교 독서동아리 활동을 하고 있는 학생
3. 파티 일정 :

구분	주제도서	초청 저자	일시
제1회 파티	사람답게 산다는 것	오창익	2017.04.15.(토) 14시~16시 30분
제2회 파티	빈 의자에 새긴 약속	김서경·김운성	2017.09.09.(토) 14시~16시 30분
제3회 파티	소수의견	손아람	2017.11.04.(토) 14시~16시 30분

4. 참가 조건
   가. 주제도서는 학교에서 자체적으로 준비해서 읽어야 합니다.
   나. 참가하기 전에 학교에서 주제도서에 대한 독서토론을 한 후, 저자에게 보내는 질문을 사전에 제출해야 합니다.
   다. 학생들을 인솔하는 지도교사가 함께 참가해야 합니다.
   라. 학교별 참가 희망 인원을 받은 후, 학교별 참가 고정 인원을 조정해서 차후 알려드리고자 합니다.

5. 참가 신청
   가. 신청 기한 : 2017.03.27.
   나. 신청 방법 : kwe 메신저 홍천여고 교사 허보영(붙임의 신청서 양식을 보내시면 됨)

6. 문의사항 : 연락처 010-XXX-XXXX(홍천여고 교사 허보영)

붙임자료② 독서토론파티 참가신청서 예시

2017 홍천지역 중고등학생 독서동아리연합
인문학 독서토론파티 참가 희망 양식

<table>
<tr><td>학교 이름</td><td colspan="3"></td></tr>
<tr><td>지도교사 이름</td><td></td><td>지도교사 연락처</td><td></td></tr>
<tr><td>현재 활동하고 있는
독서동아리 수</td><td>개</td><td>현재 활동하고 있는
독서동아리원 인원수</td><td>명</td></tr>
<tr><td>매회 참가
희망 인원</td><td colspan="3">※ 학교별 참가 인원을 대략적으로 고정하고자 합니다.</td></tr>
</table>

붙임자료③ 독서토론파티 일정 예시

시간	내용
13:15~13:25	카페지기, 사회자 교육
13:30~13:50	주제도서에 대한 독서퀴즈대회(H여고) / 독서동아리 소개(H고)
13:50~14:00	휴식
14:00~14:40	저자 소개(N고에서 준비) (사전 질문들에 대한) 저자 선생님의 답변 강연 1
14:40~15:00	카페별 토론 진행 후 질문 생성
15:00~15:10	생성된 질문 발표 (발표와 동시에 화면에 질문 띄우기)
15:10~15:20	휴식
15:20~15:50	(생성된 질문들에 대한) 저자 선생님의 답변 강연 2
15:50~16:00	학교별 소감 발표 / 폐회식 및 다음 독서토론파티 안내 학교별 기념사진 촬영

붙임자료④ 독서토론파티 회의록 예시

제1회 홍천지역 연합 독서아카데미 및 독서토론파티 회의록

1회 아카데미 평가	- 학생들이 진지하게 토의에 참여하였고, 질문의 결과가 좋았다. 또한 일방적인 강연이 아니라 좋았다.
2회 아카데미 준비 회의	
좌석 배치	- 제비뽑기를 하여 좌석을 정하는 것이 좋을 듯.
간식	- 음료를 제공하여 학생들의 화장실 출입이 너무 잦았음. - 간단한 젤리를 준비하고 중간중간 원하는 사람만 마실 수 있도록 생수를 준비할 것.
카페지기	- 카페지기는 두 명으로 하여 서로 도와서 운영할 수 있도록 하고, 같은 학교 학생들끼리 맡게 하면 토론카페 운영에 도움이 될 것.
토론카페 운영 시간	- 1시 30분~50분: 장소 입실 후, 사전 행사 - 1시 50분~2시: 휴식 - 2시~2시 40분: 사전 질문 통한 작가 강연 - 2시 40분~3시: 카페별 토론 진행 후 질문 생성 - 3시~3시 10분: 생성된 질문 발표 - 3시 10분~20분: 휴식 - 3시 20분~50분: 저자 2차 강연 - 3시 50분~4시: 학교별 소감 발표 및 폐회식
좌석 배치	- 테이블별로 여덟 좌석씩 배치했다가 참석 인원이 적어져서 두 좌석씩 줄이니까 오히려 쾌적했음. - 테이블별로 여섯 명씩 사전 배치하고 학생 수가 늘어날 경우 좌석을 추가하는 방식
2회 도서주문	- 서석고 15권(자체 예산) - 강생고 5권(지원) - 농고 6권(자체 예산) - 홍고 15권(지원)

2회 아카데미 역할 분담	- 학생 : 사회 및 등록부(홍천여고), 저자 소개(서석고) : 독서동아리 소개(홍천농고) : 각 학교에서 독서 및 사전 토론 결과를 우드락에 제작하여 지참할 수 있다면 더욱 좋을 것(가능한 학교만) - 교사 : 확인서 및 공문(서석고), 간식(홍천여고), 현수막 및 사진(홍천농고)
아카데미 중학교 확산에 관한 논의	- 책사회 지원금은 토론카페라는 새로운 시도로 인해 가능했기 때문에 올해 중학교까지 확대하는 것은 어려울 듯. - 예산 상황에 따라 11월 3일 학생의 날을 겸하여 강연 형태로 합동 진행하는 방안 모색 - 홍천군청 기획감사실로부터 추가 지원이 가능한지 문의해보고, 내년부터는 홍천 관내 중고등학교 모두가 참여할 수 있는 토론캠프 형태를 운영해보면 좋을 것임.(홍천 군청 문의: 이ㅇㅇ 선생님)
주제도서 변경	- 3회 아카데미 저자 섭외 상황으로 인해 『25년간의 수요일』의 윤미향 작가님으로 변경

'우리 같이 읽을래?' 공모전: 우리들의 색(色)다른 책 읽기

책을 읽고 독서토론을 하는 것은 독서동아리의 일상이다. 때로는 일상을 벗어난 새로운 놀이가 필요하다. '우리 같이 읽을래? 공모전'은 함께 읽기를 즐기는 이들의 놀이판이다. 함께 책 읽고 나눈 대화를 정리하고, 책과 사람이 있는 사진과 영상을 찍으며 논다. 하루 중 가장 많은 시간을 함께 보내면서도 몰랐던 서로의 모습에 놀라며 새록새록 정이 쌓인다. 한판 재미있게 놀다 보니 마음을 나눈 친구가 남는다.

읽다, 작당(作黨)하다

다양한 방법으로 함께 읽고 토론하는 홍천여고 독서동아리들. 매일 같은 시간에 모여 앉아 그저 읽기만 할 때도 있고, 종알종알 떠들며 책 고르는 데 몇 날 며칠을 보내기도 한다. 책 속 마음에 남는 구절을 작은 칠판에 적어 전시하고, 색색의 포스트잇으로 동아리 일지를 채운다. 동아리 활동을 핑계로 자신들만의 체험학습을 계획하기도 한다. 책을 놀이처럼 즐기는 아이들에게 책과 만나는 또 다른 방법을 안내하고 싶었다.

독서동아리에서 친구들과 함께 책을 읽고 토론한 내용을 보고서에 담아 제출하는 '책대화 공모전'과 책을 소재로 사진을 찍은 후 파일을 제출하는 '책사진 공모전'을 열었다. 아이들은 새로운 내용의 공모전을 재미있어 했고 실천력 넘치는 여러 동아리가 응모하였다. 여름 방학을 앞두고는 동영상 공모전도 기획하였다. '함께 읽기'를 주제로 하여 동영상을 촬영하여 제출하게 한 것이다. 방학 전 공모전 내용을 공지하고 방학을 이용하여 촬영과 편집을 하도록 지도했다.

함께 읽고 수다 떠는 책대화 공모전

책을 읽고 독서토론을 해본 적이 없는 학생들에게 책 읽고 나눈 대화를 보고서로 제출하라는 것은 마치 재봉틀에 한번 앉아보지도 않았는데 치마저고리를 만들어내라고 하는 것과 별반 다르지

책대화 공모전에서 수상작으로 선정된 보고서들

않을 것이다. 이런 황당함을 방지하기 위해 수업 시간에 함께 책을 읽고 독서토론의 전 과정을 가르친다(자세한 내용과 방법은 '1부 수업시간에 배우다' 참고). 기본을 배운 아이들은 4~6인 모둠을 이뤄 같은 책을 선정해서 읽고 독서토론을 한 후 자신들이 나눈 이야기를 솔직하고 진지하게 보고서에 담아 제출한다. 활동하며 찍은 귀여운 사진도 함께! 그 과정에서 아이들은 서로에게 햇살과 바람이 되어 함께 성장해 간다.

누구나 좋아하는 책사진 공모전

책사진 공모전은 책을 소재로 사진을 찍어 제출하는 단순한 형식인데 의외로 반응이 좋다. 읽기에 큰 흥미가 없는 아이들을 대상으로 책을 향한 마음의 벽을 없애는 데도 효과적이다. 책을 가까이하면 무슨 큰일이라도 생길 것처럼 책을 '엄숙히' 거부해 온 아이들도 사진 찍는 것은 좋아한다. 나흘간의 수학여행을 떠나면서도 커다란 트렁크 하나 가득 옷을 챙겨와 가는 곳마다 화보 사진을 찍는 아이들이다. 책사진 공모전 일정이 발표되면 점심시간 도서관 구석구석은 모델과 사진작가가 된 아이들로 붐빈다. 책도 예쁘고 아이들도 예쁜데, 이 둘이 만나 한 화면에 담기니 어찌 사랑스럽지 않겠는가! 사진은 단 두 가지 조건만 충족하면 된다. 반드시 인물과 책이 함께 담길 것, 인물은 우리 학교 구성원일 것.

책사진 공모전에 출품한 사진들

독서왕 선발대회를 테마로 한 UCC

TV 프로그램을 패러디한 '함께 읽기' 홍보 UCC

그런데 사진을 찍은 아이와 모델이 된 아이, 누구 이름으로 공모해야 할까? 함께 작업했으니 당연히 결과의 보람도 함께 느껴야 하므로 모두의 이름을 사이좋게 적는다.

틈새 시간과 방학을 활용한 영상 공모전

동영상 제작은 1학기 2회 고사가 끝난 무렵 수업을 할 수도, 안 할 수도 없는 기간을 이용하여 지도한다. 우선 5명 내외의 인원으로 모둠을 구성한다. 모둠별로 영상 주제를 선택하는데, 첫해에는 함께하는 책 읽기의 즐거움, 특정한 책 홍보, 시 노래 등 주제를 제시하고 구성원들이 희망하는 주제를 고르도록 하였다. 주제가 정해지면 동영상 제작을 위한 이야기판 작성 방법을 설명한다. 영상 촬영을 위해서는 콘티를 꼼꼼하게 작성하도록 신경 써서 지도해야 한다. 또 촬영의 원활한 진행을 위해서 일정, 자막의 구성, 배경음악, 장소 섭외, 소품 준비 등을 책임지고 맡아서 할 담당자를 정하는 것이 중요하다. 수업 시간 중 한 시간을 할애하여 영상 제작에 필요한 이야기판을 작성하고 촬영 계획을 세우도록 지도하는 것이 교사의 역할이다. 그다음은 여름 방학 기간을 이용하여 자유롭게 촬영하고 영상을 편집하도록 아이들에게 맡긴다.

개학 날, 학생들이 만들어 온 동영상 상영회를 하면서 2학기 수업을 시작한다. 화면 속 자신과 친구들의 모습이 낯설면서도 재미있는지 얼굴이 클로즈업될 때마다 즐거워한다. 손이 오그라들 정도의 어색한 연기에도 환호성이 터져 나온다. 웃으며 시작하는 새 학기 수업 덕분에 방학 내내 촬영하느라 힘들었던 기억은 이미 추억이 되어 버린다.

홍천여고에서는 매시간 국어 수업을 시작하며 시 노래 부르기를 하는데, 이 시간에 활용하면 좋겠다는 마음으로 시 노래를 활용한 영상 만들기를 주제에 포함했다. 그러나 결과는 실망스러웠다. 마치 90년대 노래방을 떠오르게 만드는 화면 구성에 모두 다 배꼽이 빠져라 웃었다. 재미는 있을지언정 활용도는 떨어졌다. 이듬해부터는 동영상 주제 영역을 더 세분화하여, 함께하는 책 읽기만이 아니라 학교에서 이루어지는 독서토론카페, 독서동아리 활동, 5人의 책친구, 독서동아리에서 함께 읽기 좋은 책 홍보 등으로 주제를 정하였다. 주제가 세분되니 신입생들에게 학교의 독서교육을 안내하는 데 활용하기 좋았다. 교사의 백 마디 말보다 독서동아리 활동을 직접 경험한 언니들이 영상 속에서 하는 깜찍한 '꼬시기'가 아이들 설득엔 훨씬 효과적일 때가 많다.

그 후로도 그들은 오랫동안 재밌게 읽었답니다

새해가 되면 사람들은 한 해를 어떻게 살 것인지 계획을 세운다. 그 계획에 빠지지 않고 등장하는 것 중 하나가 독서 계획이다. 큰 마음 먹고 결심하지만, 우리나라 사람들의 연평균 독서량은 8.3권(2017년 국민독서실태조사 결과 인용). 한 달에 한 권도 읽지 않는다. 이런 환경에서 책을 읽는다는 건 굉장한 각오가 필요한 일이 되어 버렸다. 꼭 그래야 할까?

친구와 대화하기, 사진 찍기, 동영상 만들기… 모두 십 대 아이들이 좋아하는 것들이다. 여기에 은근슬쩍 책을 끼워 넣는다.

책으로 친구와 대화하고 책을 소품으로 사진을 찍는다. 배우가 되기도 하고 때론 감독이 되어 영상에 책 이야기를 담으며 즐거워한다. 아이들의 생생한 일상, 그 속에서 이어지는 수많은 관계 맺음이 사실은 책이 아닐까? 우리가 만들어 가는 오늘이 곧 책이 아닐까? 그저 재밌어서, 재밌자고 시작한 일인데 너머에 있는 무엇이 자꾸만 보인다. 그 너머가 궁금하다.

붙임자료① 책대화 공모전 알림 예시

2016학년도 홍천여고 책대화 공모전

1. **공모기간** : 2016. 05. 16.~2016. 06. 11.
2. **참가 대상** : 전교생

3. **참가 방법**

   4~6인 모둠이 같은 책을 선정해서 읽고, 독서토론을 한 후, 결과물을 파일로 제출함

   가. 파일 제출처: ch-uxxxxx@hanmail.net

   나. 파일 이름: 팀원의 이름과 학번.

   예) 서현숙(1123), 서현정(1125), 서현희(1120), 서현미(1115)

   다. 내용 조건

   토론 주제, 토론 내용이 포함되어야 함.

   토론 과정을 보여주는 사진이 있어야 함.

   한글 문서로 편집해야 함.

4. **심사기준**

   주제도서에 대한 이해(20), 토론 주제의 창의성(30), 사고의 심화와 확산(30), 토론 과정의 협력(20).

5. **수상 비율: 전교생의 10%**

6. **참고사항**

   제출한 원고는 반환하지 않으며, 수상작은 학교에서 발간하는 책에 실림.

   제출한 원고는 학교에서 교육적인 목적으로 파일 및 사진 이용이 가능함.

붙임자료② 책사진 공모전 알림 예시

2016학년도 홍천여고 책사진 공모전

1. **공모기간** : 2016. 5. 16.~6. 11.

2. **참가 대상** : 전교생

3. **참가 방법**

   책을 소재로 인물의 사진을 찍은 후, 파일을 제출함

   가. 파일 제출처: ch-ultung@hanmail.net

   나. 사진 조건

      사진에 반드시 인물과 책이 있어야 함.

      인물은 우리 학교 구성원이어야 함.

      파일명을 반드시 제출자 학번 이름으로 함.

4. **심사기준**

   소재 및 테마의 창의성(30), 내용의 미학(30), 소재 및 테마의 적절성(20), 촬영 기법(20)

5. **수상비율** : 전교생의 10%

6. **참고사항**

   출품한 작품은 반환하지 않으며, 이후 학교에서 교육적인 목적으로 파일 및 사진 이용이 가능함.

붙임자료③ 책사진 공모전 응모 신청서 예시

책사진 공모전 응모 신청서

제출자 학번	2320	제출자 이름	이솔
사진 제목	하늘을 나는 책의 양탄자		
사진 설명(5줄 이내)			

만화 <알라딘>에는 올라 타기만 하면 어디든 갈 수 있는 신기한 양탄자가 나온다. 책도 그렇다. 책을 읽으면 우주와 바다, 심지어는 먼 미래로도 날아갈 수 있다. 가히 마법의 양탄자라고 할 만하다. 책을 많이 읽은 사람은 여행자이며, 넓은 지식을 갖게 된다. 어른, 아이 상관없이 책을 가까이하고 즐겨 읽어서 책을 타고 방방곡곡 책 여행을 떠났으면 좋겠다.

붙임자료④ 책영상 만들기 방법 안내

독서 UCC 만들기

- 관련 단원 : 4. 독서 문화의 이해, 5. 토론과 발표
- 내용 : 다음 주제 중 택 1

1. 독서토론 활동, 함께하는 책 읽기의 즐거움을 표현
2. 특정한 책의 홍보(예를 들어, 독서동아리에서 함께 읽은 책 등)
3. 시 또는 시 노래 동영상
4. 독서 활동 홍보

방법 안내

1. 네 가지 주제 중 마음에 드는 내용을 한 가지 정한다.
2. 학급별로 한 가지 내용에 2모둠 이상은 선택하지 않도록 한다.
3. 한 모둠은 5명으로 구성한다. (5명씩 7모둠)
4. 국어 시간을 이용하여 내용에 어울리는 이야기판(별도 유인물)을 작성한다.
5. 방과 후 시간을 이용하여 필요한 영상을 촬영한다.
6. 국어 시간을 이용하여 찍은 영상을 편집한다.
7. 원칙: 분량- 3~5분
   구성- 사진(또는 동영상), 배경음악, 짧고 간결한 설명 자막
   모둠원 각각이 단 한 장면이라도 모두 출연해야 함.
8. 특전: 우수작은 10월 독서의 달 행사에 출품 및 시상
9. 제출일: 8월 17일(월)
10. 제출 방법: 학급 컴퓨터에 모둠별로 파일을 입력, 국어 부장이 USB에 담아
    담당 선생님께 제출 (파일명: 학년반모둠원이름 예-11허보영서현숙)

붙임자료⑤ 동영상 제작노트 양식

'우리 같이 읽을래' 동영상 제작노트

우리가 선택한 주제	
동영상 제목	
역할	• 모둠장(총괄) : • 영상 편집 담당 : • 이야기판 작성 : • 촬영 담당 : • 자막 구성 담당 : • 음악, 장소 섭외, 소품 등 담당 : ※ 이외에도 필요한 역할이 있으면 모둠원이 의논하여 자유롭게 정하세요.
동영상 내용	
촬영 계획	

'우리 같이 읽을래' 동영상 제작 노트	이야기판 만들기 (작품명:)
	1학년 반 모둠원 이름(학번) :

장면번호	영상(그림으로 간략하게)	효과	내용
		설명	
		소리	
		자막	
		설명	
		소리	
		자막	

3부

선생님과 언니가 이끌어주다

우리만의 추억을 담는 5人의 책친구

"

벚꽃리딩, 봄날 5人의 책친구

동그란리딩, 여름날 5人의 책친구

우리끼리, 여름방학 5人의 책친구

잎지는밤, 가을날 5人의 책친구

눈꽃리딩, 겨울날 5人의 책친구 "

이 화려하면서도 산만한 이름의 정체는 학교에서 가장 많은 사랑을 받고 있는 독서프로그램 '5人의 책친구'에 붙여진 애칭이다. 국적 불명의 다양한 이름들만 봐도 그 인기를 짐작할 수 있다. 아이들은 1년 내내 학교 곳곳에서 삼삼오오 모여서 두런두런 독서토론을 한다. 이 시간이 학교에 차곡차곡 쌓이는 동안 꽃이 피고 지고, 초록이 짙어지고, 나뭇잎이 붉게 물들고, 첫눈이 펄펄 내린다. 지난 열일곱 번의 '5人의 책친구'에서 사람의 체온이 전해져 온다. 우리가 쌓아온 시간들은 어떻게 발효되고 어떤 꽃을 피울까.

5人의 책친구란

5人의 책친구는, 학생들의 관심사나 사회적으로 이슈가 되는 내용, 계절적 요인, 교육과정 등을 고려하여 선정된 주제도서를 바탕으로 5인의 모둠이 책을 읽고 독서토론을 하는 프로그램이다. 계절별로 주제도서와 신청 접수 안내문(218쪽 붙임자료① 참고)을 공지하면, 참가를 희망하는 학생들은 선생님 혹은 언니를 섭외해서 다섯 명으로 구성된 책친구 팀을 들고 신청서(219쪽 붙임자료② 참고)를 제출하면 된다. 참가팀으로 선정된 책친구는 주제도서를 받고(도서관 도서로 대출) 한 달 동안 주제도서(220쪽 붙임자료③ 참고)를 읽고 독서토론 모임을 진행한다. 토론 과정과 내용을 담은 결과물도 제출해야 한다.

주제도서를 선정할 때 고려할 사항

- 사회적으로 이슈가 되는 내용을 담고 있는 주제인가
- 학생들이 관심을 갖는 내용인가
- 계절과 관련된 역사적 사건이나 주요 행사를 반영하는가
- 학교의 교육과정 운영상 필요한 내용인가
  (예를 들어 제주도로 수학여행을 가는 경우 제주도 관련 내용을 포함함)

교사와 학생, 책친구가 되다

신청기간에 아이들은 분주하다. 좋아하는 선생님을 직접 찾아가서 "저희의 책 친구가 되어주세요!"라며 섭외해야 하기 때문이다. 평소에 독서를 즐기는 체육 선생님은 늘 흔쾌히 책친구가 되어주며 즐거운 비명을 지른다. "이놈의 인기는 식을 줄 모르는구먼!" 사실 선생님들의 바쁜 업무를 생각하면 계절마다 책친구가 되어주는 분들께 감사패를 드려도 부족하다. 참가팀 선정 결과를 발표하면 학생들은 "이번에는 선생님과 책친구를 만든 팀이 선정되었어"라거나 "처음 참가한 친구들이 선정됐네" 하며 자기들끼리 분석 결과를 내놓기도 한다. 선정되지 못한 학생들 중 일부는 주제도서를 자기들끼리 구입해서 읽고 참가하면 안 되냐며 의욕을 보이기도 한다. 요즘처럼 책 읽지 않는 풍토에 보기 힘든 진귀한 풍경이다. 이 프로그램을 기획했던 당시에는 예상치 못했던 뜨거운 반응이다. 인기 비결이 무엇인지 나도 궁금했는데, 그 이유를 뒤늦게 한 학생의 참가신청서에서 발견했다.

> 5人의 책친구에 참여했던 친구들의 이야기를 들어보니 너무 재미있고, 생각도 깊어지고, 선생님과 같은 책을 읽고 주제를 정해서 이야기를 나누는 특별한 경험이라고 해서 참가하게 되었다. (중략) 5人의 책친구는 독서 활동의 꽃이라고 할 수 있다. 이번에 참가해서 한 달 동안 책친구들과 함께 책을 읽고 생각을 나눈다면 잊지 못할 추억이 될 것 같다.

책친구로 만난 학생과 교사

나는 미래의 내 딸에게 '연대'를 강조하고 싶다. 주변 사람들과 함께 살아가는 방법을 가르쳐 주고 싶다. 그래서 혼자 공부하고 혼자 책을 읽기보다는 이렇게 우리들처럼 친구들과 함께 읽고 토론하면서 살아갔으면 좋겠다. 그 과정에서 서로 이해하고 배려하는 것을 배우면 좋겠다.

아, 관계였구나! 아이들은 책을 통해 친구, 선생님과 특별한 관계를 맺는 것을 좋아했던 거구나! 혼자 책을 읽고 마는 개인적인 독서는 다른 사람과 관계를 맺고 특별한 추억을 만드는 시간을 갖기가 어렵다. 5人의 책친구는 한 계절이 지나는 시간 동안 함께 책을 읽고 모임을 가지며, 독서토론을 하면서 특별한 시간을 공유한다. 함께 주제도서를 읽을 계획을 짜고, 다 읽으면 모여서 감상을 나누고, 토론 주제를 정하고, 주제에 대한 생각 나누기를 몇 차례 한다. 그러는 동안 사진도 찍고, 책친구 선생님이 학교 근처에서 맛있는 차를 사주기도 하고, 서로의 비밀도 나누며 환대하는 관계를 만든다. 계절과 함께 피었다가 지는 독서 공동체라 할 만하다.

스스로 진화하는 5人의 책친구

5人의 책친구는 시간이 지나면서 스스로 진화했다. 처음에 제시한 결과물 양식은 내용의 과정, 사진, 개인별 감상문이었다. 그런데 그해 '여름방학-5人의 책친구' 결과물을 보고 두 가지 충격을 받았다.

우선, 상대적으로 시간적 여유가 있는 방학에 학생들은 '5人의 책친구'를 계기로 책으로 잘 놀았던 것 같았다. 특히 『딸에게 주는 레시피』(공지영)를 읽은 팀은 책의 내용처럼 구체적 상황에 맞는 요리 레시피를 글로 쓰고, 친구들 집에 번갈아가며 방문해 그 요리를 해서 나눠 먹은 뒤, 맛있는 냄새가 폴폴 풍기는 결과물을 제출했다. 5人의 책친구가 이렇게 흥겨운 놀이판이 되리라는 예상을 전혀 하지 못했기에 신선했다.

두 번째는 책친구 결과물이 한 계절만에 사진 몇 장, 개인별 감상문을 훌쩍 뛰어넘어 버린 것이었다. 책친구 모둠은 자기들끼리 토론 주제를 여러 개 정하고, 주제에 대한 독서토론을 한 후, 토론의 내용과 시간을 생생하게 담은 결과물을 제출했다. 다음은 『소수의견』(손아람)을 읽은 팀의 결과물과 토론 과정 일부이다.

『소수의견』을 읽은 책친구 모둠의 토론 과정

1. **주제토론**

   주제 1. 공소시효에 대해 어떻게 생각하는가?

   주제 2. 법관의 권위 그리고 학연과 지연의 관계는?

   주제 3. 철거민의 시위 강제 진압은 당연한 것인가?

2. **책에 나오는 법률 용어 공부**
3. **책 속 감명 깊었던 구절 나눔**
4. **눈꽃리딩을 끝내면서**

겨울방학에 책친구를 했던 학생들은 『소수의견』을 읽고 위와 같은 토론 주제를 정하고, 자발적으로 모르는 법률 용어를 공부했다. 이러한 자발성은 정규 수업시간에 배운 독서토론 경험의 산물이라고 생각한다. 다음은 '눈꽃리딩 5人의 책친구'에서 『소수의견』을 읽고 나눈 대화 중 일부이다.

토론 주제 ❶

법관의 권위 그리고 학연과 지연의 관계는?

선아 책에서 윤 변호사가 재판의 관할 기관인 서부지법 형사합의부의 장인 김준배 판사와 재판의 검사인 홍재덕 검사가 모두 고려대 법대 81학번임을 알게 되자 놀라며 기피 신청을 하겠다고 해. 그때 나오는 대사가 인상적이었어. "그건 원초적인 법이었다. 법을 뒤엎는 법."

혜빈 대한민국 사회는 연줄 없는 사람이 성공하기 어려운 게 사실이지. 학연과 지연을 따지는 '코드인사'라는 말이 만들어진 것처럼 이제는 차별적으로 사람을 가려내는 하나의 시스템이 된 것 같아. 계속 이렇게 가면 폐쇄적이고 부패한 사회가 되고 말 거야.

보경 맞아. 무엇보다 공정해야 할 법정에서 법관의 권력이 학연과 지연의 그물에 얽혀 있다는 것이 가장 큰 문제고 바뀌어야 할 점 같아. 대법관은 국회의 동의를 얻어서 대통령이 임명하는데, 우리나라는 입법부, 사법부, 행정부 등 삼권 분립이 확실하지 않기 때문에 대법관 선출 방식도 바뀌어야 된다고 봐. 현실에서 법관들의 횡포가 만만치 않잖아.

유진 학연과 지연으로 인한 폐해가 존재한다는 것은 초등학교 때부터 어렴풋이 들어왔지만, 시간이 갈수록 오히려 학연과 지연이 더 막강한 힘을 갖게 된 것 같아. 최순실의 딸인 정유라의 부정입학 사건과, 최순실과 박근혜 대통령 사이에 있었던 국정농단 사건들을 보면 재력과 지연이 현실 권력에서 작용하는 힘이 어마어마하다는 생각이 들어.

보경 또 다른 사례로는 천안지원 2011가단 8269 사건을 담당하는 이종기 판사가 원고로부터 청탁을 받아 피고1과 피고2에게 불이익을 주는 불공정 재판을 지속했어. 부패나 비리와 같이 재산적 이익을 얻을 목적으로 재판을 진행하는 것 외에도 친분이 있는 자에게 유리하게 재판을 진행하여 도움을 주기도 했어. 위와 같은 사례를 통해 법관의 직권 남용을 견제할 제도가 필요하다는 것을 절실히 느꼈어.

유진 회사에 부정 취직하거나 대학에 부정 입학을 하는 경우가 많아서 열심히 노력하는 청년들은 자리를 빼앗기고 사회의 실패자가 되어버리곤 해. JTBC 〈뉴스룸〉의 손석희 앵커는 다음과 같이 말하기도 했어. "소위 족보가 지배해 온 대한민국 사회. 누군가는 부모의 재력도 능력이라며 또래의 성실한 친구를 조롱했고, 누군가는 아버지 때부터 이어온 오랜 인연을 이용해 온 집안이 합세하며 막후 정치를 펼쳤다." 이런 사회 풍습들이 쉽게 사라지진 않겠지만 지금 사회에 일어나는 사건들을 통해 국민들이 똘똘 뭉쳐 위기를 기회로 바꾸고, 학연과 지연이 힘이 되는 사회가 아닌 노력과 땀이 힘이 되는 사회가 되기를 바라.

이미 750명의 전교생은 국어 시간에 운영하는 독서토론 수업에서 독서토론을 위한 질문을 어떻게 만드는지, 친구들과 눈을 맞추며 책으로 대화하는 것이 얼마나 짜릿한지, 이 과정과 시간을 어떻게 협력해서 정리하는지, 이 모든 과정이 얼마나 즐겁고 보람찬 일인지를 배운 바 있다. 그렇기 때문에 스스로 찾아 공부하고 토론의 과정을 정리하며 알찬 결과물을 내올 수 있었을 것이다. 책친구 활동을 했던 친구들에게 간단한 인터뷰를 해보니 수업시간에 배운 독서토론의 과정을 따르고 있었다. 배움이 삶으로 옮아가는 짜릿한 순간이었다.

우리가 마련한 '함께 읽기'의 다양한 '무대'가 서로 긍정적인 상승 작용을 일으키고 있음을 느낀다. 수업 시간에 함께 읽기의 즐거움과 방법을 배운 것을 바탕으로 5人의 책친구에서 추억을 만들고, 독서토론카페에서 책을 읽고 파티를 즐기고, 친구들과 독서동아리를 하며 발랄하게 노는 문화의 선순환이 이뤄지는 셈이다.

학생들은 좋아하는 선생님, 언니, 소중한 책친구들과 함께 추억을 만든다. 시간이 갈수록 토론을 위한 질문은 더없이 진지하고 예리해졌다. 한 계절을 지내며 만든 결과물은 생명을 가진 유기체, 하나의 예술 작품처럼 느껴진다. 그만큼 생생하고 아름답다. 학교 어디선가 아이들이 삼삼오오 모여서 독서토론을 하는 소리가 들린다. 이 시간들이 학교에 쌓이는 동안 계절 또한 변할 것이다. 앞으로 우리가 쌓아온 시간들은 어떤 꽃을 피우게 될까.

제7회 봄날 - 5人의 책친구 계획

부제 : 우리도 벚꽃 리딩(Reading)

1. 일시 : 2016. 3. 21. ~ 4. 22.

2. 주제도서

가. 1학년

[예술] 아트로드(김물길)

[문학] 청구회 추억(신영복)

[철학] 열일곱 살의 인생론(안광복)

[과학] 손잡지 않고 살아남은 생명은 없다(최재천)

나. 2학년, 3학년

[문학] 윤동주 시집(윤동주)

[과학] 하리하라의 눈 이야기 - 우리가 알고 싶었던 또 다른 눈의 세계(이은희)

[사회] 내 이름은 욤비(욤비 토나, 박진숙)

[문학] 감옥으로부터의 사색(신영복)

[예술] 디자이너의 비밀 - 디자인에 숨겨진 디자이너 이야기(강구룡)

[철학] 니체의 위험한 책, 차라투스트라는 이렇게 말했다(고병권)

3. 참가팀 선정

가. 주제도서별로 신청서를 접수함(주어진 양식 이용).

나. 신청서의 내용을 기준으로 선정하되, 학년과 학급을 고려하여 선정함.

다. 5인은 학생 4명+교사 1명 또는 후배 4명+선배 1명으로 구성함.

4. 진행 일정

가. '봄날 - 5人의 책친구' 주제도서 및 참가 신청 공고 : 2016. 3. 14.

나. 신청 접수 : 2016. 3. 14. ~ 3. 17.

나. 참가팀 발표 : 2016. 3. 18.

다. 참가팀 주제도서 배부 : 2016. 3. 21.

라. 결과물 제출 : 2016. 4. 22까지

봄날 - 5人의 책친구 신청서

부제 : 우리도 벚꽃 리딩(Reading)

1. 우리는 5人의 책친구!

5人의 책친구 팀 이름	팀 이름		
	이름의 의미		
참가 희망 명단		이름	학번
	참가 희망 1		
	참가 희망 2		
	참가 희망 3		
	참가 희망 4		
	참가 희망 5		
5人의 책친구 한 줄 명언 짓기	1순위		
	2순위		
* 5人의 책친구에 참가하고 싶은 이유			

2. 우리는 이런 5人

	참가 희망자 이름	책 제목	감동 깊은 이유
우리가 감동 깊게 읽은 책			

붙임자료③ 2015~2017년 5人의 책친구 주제도서 목록

| 2015년 5人의 책친구 주제도서 |

구분	주제도서
봄날 - 5人의 책친구	[사회] 금요일엔 돌아오렴(416세월호참사 작가기록단) [철학] 니체의 차라투스트라는 이렇게 말했다(진은영) [과학] 모든 생명은 서로 돕는다(박종무) [문학] 기적의 세기(캐런 톰슨 워커) [예술] 위로의 디자인(유인경·박선주)
여름날 - 5人의 책친구	[환경] 10대와 통하는 탈핵 이야기(최열 외) [수필] 1그램의 용기(한비야) [사회] 여유롭게 살 권리(강수돌) [문학] 시인 동주(안소영) [예술] 사람은 왜 그림을 그리고 노래를 부르고 시를 쓸까(손석춘)
여름방학 - 5人의 책친구	[에세이] 딸에게 주는 레시피(공지영) [예술] 나는 3D다(배상민) [사회] 우리는 차별에 찬성합니다(오찬호) [문학] 우리들의 짭조름한 여름날(오채) [문학] 멋지기 때문에 놀러왔지(설흔) [문학] 한국이 싫어서(장강명) [생태] 오카방고의 숲속학교(메이지·엥거스·트래비스 남매) [인문] 왜 우리는 대학에 가는가(EBS 제작팀) [인문] 생각해봤어 인간답게 산다는 것(홍세화 외) [인문] 생각해봤어 우리가 잃어버린 삶(엄기호 외)

가을날 - 5人의 책친구	[수학, 문학] 천년의 침묵(이선영) [과학, 생태] 나의 생명 수업(김성호) [과학] 이상한 나라의 뇌과학(김대식) [인문사회] 욕망하는 냉장고(KBS 과학카페 냉장고 제작팀) [인문사회] 행복한 나라 부탄의 지혜 [인문사회] 대한민국 치킨전(정은정) [인문사회, 교육] 더불어 교육혁명(강수돌) [외국문학, 소설] 오렌지 소녀(요슈타인 가아더) [한국문학, 소설] 내 이름은 망고(추정경) [건축,인문학] 나는 어떤 집에 살아야 행복할까(고재순 외)
겨울날 - 5人의 책친구	[예술] 열일곱 아트 홀릭(김수완) [인문사회] 나는 런던에서 사람책을 읽는다(김수정) [역사] 20년간의 수요일(윤미향) [진로탐색] 네가 즐거운 일을 해라(이영남) [문학] 방드르디 야생의 삶(미셸 투르니에)
겨울방학 - 5人의 책친구	[예술] 아트로드(김물길) [인문] 행복한 삶을 위한 인문학(강수돌) [과학] 나쁜 과학자들(비키 오랜스키 위튼스타인) [예술] 여행하는 카메라(김정화) [문학] 여고생 미지의 빨간약(김병섭·박창현)

| 2016년 5人의 책친구 주제도서 |

구분	주제도서
벚꽃 리딩 봄날 - 5人의 책친구	**1학년** [예술] 아트로드(김물길) [문학] 청구회 추억(신영복) [철학] 열일곱 살의 인생론(안광복) [과학] 손잡지 않고 살아남은 생명은 없다(최재천) **2학년, 3학년** [문학] 윤동주 시집(윤동주) [과학] 하리하라의 눈 이야기(이은희) [사회] 내 이름은 욤비(욤비 토나, 박진숙) [문학] 감옥으로부터의 사색(신영복) [예술] 디자이너의 비밀(강구룡) [철학] 니체의 위험한 책, 차라투스트라는 이렇게 말했다(고병권)
푸른 책읽기 여름날 - 5人의 책친구	**1학년** [문학] 희망을 부르는 소녀 바리(김선우) [인문] 청춘에게 딴짓을 권하다(임승수) [문학] 어린왕자(생텍쥐베리) [과학] 물고기가 왜(김준) [문학] 박씨전(출판사 휴머니스트) [과학] 인간은 필요 없다(제리 카플란) **2학년, 3학년** [문학] 희망을 부르는 소녀 바리(김선우) [인문] 청춘에게 딴짓을 권하다(임승수) [문학] 어린왕자(생텍쥐베리) [역사] 식탁 위의 세계사(이영숙) [문학] 열하일기, 웃음과 역설의 유쾌한 시공간(고미숙) [과학] 김대식의 인간 vs 기계(김대식)

책맛 여름방학 - 5人의 책친구	[융합] 문학적으로 생각하고 과학적으로 상상하라(최지범) [철학] 니체의 위험한 책, 차라투스트라는 이렇게 말했다(고병권) [문학] 위대한 감시 학교(로렌 매클로플린) [과학, 환경] 탈바꿈(히로세 다카시) [역사] 25년간의 수요일(윤미향) [인문, 사회] 세상을 바꾸는 힘(조영선) [과학, 환경] 한국 탈핵(김익중) [과학, 환경] 83일(NHK 취재반) [문학] 수상한 북클럽(박현희) [문학] 모리와 함께한 화요일(미치 앨봄) [문학] 소녀들의 거짓말(발레리 쉐러드)
가을날 - 5人의 책친구	[문학] 겨울잠, 봄꿈(한승원) [인문] 생각의 융합(김경집) [사회] 세상은 어떻게 뉴스가 될까(홍성일) [과학] 비숲(김산하)
눈꽃 리딩 겨울날 - 5人의 책친구	[과학,환경] 우리는 플라스틱 없이 살기로 했다(산드라 크라우트바슐) [인문] 엄마 인문학(김경집) [교육,사회] EBS 교육대기획 시험(EBS) [사회, 언론] 악마 기자 정의 사제(주진우·함세웅) [과학, 사회] 섹스, 폭탄 그리고 햄버거(피터 노왁) [인문, 사회] 나는 어떤 삶을 살아야 할까?(홍세화 외) [인문, 철학] 열일곱 살의 욕망 연습(안광복) [사회, 문학] 소수의견(손아람) [인문, 철학, 사회] 정의란 무엇인가(마이클 샌델)

| 2017년 5人의 책친구 주제도서 |

구분	주제도서
봄날 - 5人의 책친구	[문학, 역사] 왜 주인공은 모두 길을 떠날까?(신동흔) [역사, 미술] 빈 의자에 새긴 약속(김서경·김운성) [문학] 울지 마, 지로(전 2권, 시모무라 고진) [문학] 달의 바다(정한아) [문학] 옆집 아이 보고서(최고나) [심리, 의학, 사회] 정혜신의 사람 공부(정혜신) [문학, 미술] 고흐 씨, 시 읽어 줄까요(이운진) [사회] 싸울 때마다 투명해진다(은유) [사회, 인권] 예민해도 괜찮아(이은의) [과학, 국제] 국경 없는 과학기술자들(국경없는과학기술자회, 이경선)
여름날 - 5人의 책친구	[역사, 문학] 거기, 내가 가면 안 돼요? 1, 2(이금이) [사회, 인권, 법] 사람답게 산다는 것(오창익) [의학, 동물] 유쾌한 수의사의 동물병원 24시(박대곤) [과학, 인체, 생명] 하리하라의 몸 이야기(이은희) [사회, 여성. 인권] 울지 말고 당당하게(하종강) [문학, 여행, 인문] 여섯 개의 배낭(김유철) [문학, 소설, 사회] 82년생 김지영(조남주) [과학, 인문, 미래사회] 로봇 시대, 인간의 일(구본권) [과학, 철학, 인문] 동물을 사랑하면 철학자가 된다(이원영) [인문, 과학, 음식] 과식의 종말(데이비드 A. 케슬러) [과학, 인체, 생명] 하리하라의 눈 이야기(이은희)

가을날 - 5人의 책친구	[과학] 하리하라, 미드에서 과학을 보다(이은희) [교육, 사회, 삶] 행복한 독일 교육 이야기(김택환) [사회, 인권, 여성] 삼성을 살다(이은의) [과학, 식품] 솔직한 식품(이한승) [과학] 뇌 속에 또 다른 뇌가 있다(장동선) [과학, 생명, 삶] 사람은 왜 아플까(신근영) [문명, 전통, 인류, 미래] 오래된 미래(헬레나 노르베리 호지) [심리, 관계] 10대 마음 보고서(따돌림사회연구모임) [미디어, 언론, 사회] 미디어 학교(주형일) [과학, 환경] 지구와 바꾼 휴대폰(위르겐 로이스 외) [과학, 여성] 랩걸(호프 자런) [문학, 성장] 내 영혼이 따뜻했던 날들(포리스트 카터)
겨울날 - 5人의 책친구	[고전 읽기] 운영전(전국국어교사) [고전 읽기] 춘향전(조현설) [고전 읽기] 박씨전(장재화) [고전 읽기] 변신(프란츠 카프카) [고전 읽기] 개를 데리고 다니는 여인(안톤 체호프) [고전 읽기] 검은 고양이(에드거 앨런 포) [고전 읽기] 외투(니콜라이 고골) [고전 읽기] 필경사 바틀비(허먼 멜빌) [고전 읽기] 지킬박사와 하이드 씨(로버트 루이스 스티븐슨) [고전 읽기] 침묵의 봄(레이첼 카슨) [고전 읽기] 정의란 무엇인가(마이클 샌델) [고전 읽기] 니체의 차라투스트라는 이렇게 말했다(진은영)

2장

언니와 함께하는 독서토론: 민들레 홀씨 언니 키우기 프로젝트

우리는 이 학교에 전입해 와서 떨리는 마음으로 독서교육의 새판을 짜고 일을 벌였다. 낯선 학생들을 대상으로 온 힘을 다해 책 읽기 세계로 꼬드기는(?) 작업을 해나갔다. 수업시간마다 책을 가지고 가서 그 자리에서 빌려주고, 책 읽기가 왜 필요한지, 함께 읽기가 얼마나 즐거운 것인지, 수업시간에 왜 소그룹으로 나눠서 서로 질문하고 협력하며 공부해야 하는지 절실한 마음으로 공을 들이며 설득해나갔다(우리만의 은어로 표현하자면 "약을 팔았다"). 아이들의 마음을 흔들기 위해서였다. 아이들이 스스로 독서동아리에 가입하고, 5人의 책친구를 하고, 독서토론카페에 발길을 향하게 만드는 것은 적당한 권장이나 일방적인 강요로는 할 수 없는 일이다. 정서적인 설득이 우선해야 한다고 믿었다. 그러니까 우리는 적당히 권하고 평범하게 하는 독서 교육이 아니라, 최대한 적극적으로 꼬드겨서 들불처럼 확 번지는, 우리만의 '센' 독서교육을 하고 싶었다.

아이들과 책대화하며 노는 판을 계속 벌이다 보니, 하면 할수록 이 특별한 재미에 푹 빠져서 3년이 어떻게 가는지도 모르게 훌쩍 지나갔다. 우리의 독서교육이 3년째 접어들었을 때, 신입생은 모든 독서토론 활동을 학교의 교복처럼 자연스러운 전통으로 받아들이게 되었고, 비로소 전교생이 부응하고 참여하는 독서토론수업과 '함께 읽기 문화'를 만들게 되었다고 자부한다. 이 부분에 대해서는 겸손한 척하고 싶지 않다. 30개에서 시작해서 80개, 100개의 자율독서동아리가 들불처럼 번지게 되었다. 2년 동안 오롯한 정성을 들이니까 학교와 학생 문화에 조금이나마 영향을 끼치게 되었고, 변화를 가져올 수 있었다.

민들레 홀씨 언니 키우기 프로젝트

학교에서 독서교육은 특별하다. 학교 업무 중 드물게 무한의 상상력과 창의력을 발휘할 수 있는 매력적인 일이어서 그렇고, 담당 교사의 열정에 따라서 펼쳐지는 양상이 매우 달라질 수 있어서 그렇다. 하지만 공립학교 교사는 일정한 기간이 지나면 다른 학교로 이동해야 하는 것이 숙명이다. 우리가 이 학교를 떠난 후에도 온 정성을 다해 가꾼 '독서교육의 꽃밭'이 해가 갈수록 꽃이

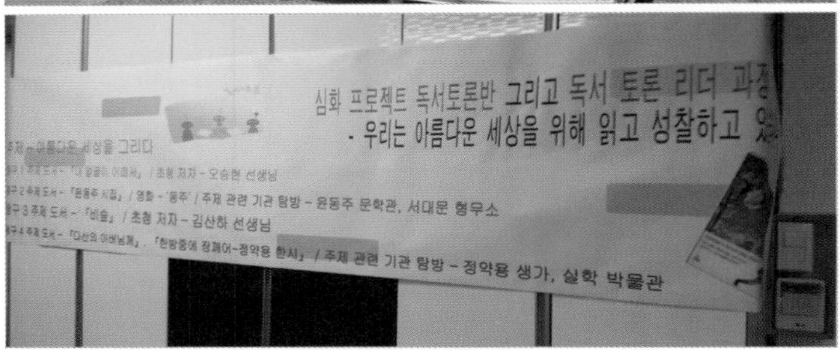

민들레 홀씨 언니들의 활동 모습

가득해지고 아름다워지면 좋겠지만 그렇지 않을 수도 있다는 생각에 미쳤을 때는 참 쓸쓸해졌다. 그래서 시작한 것이 '민들레 홀씨 언니 키우기 프로젝트(독서토론리더 과정)'이다.

처음에 민들레 홀씨 언니를 뽑았을 때는 2학년을 대상으로 열 명 이내로 선정했다. 희망자는 신청서를 제출하도록 하고 신청자 중에서 1학년 때의 독서 활동을 기준(주로 열렬한 참여)으로 선발했다. 이 언니들의 주된 역할은 후배들의 독서 활동, 특히 독서토론 활동을 끌어주는 것이다. 독서토론리더 언니들은 몇 가지 의무가 있다. 우선 리더 교육에 참여해야 한다. 전문가를 초청해서 비경쟁 독서토론의 다양한 방법을 배우고, 지도 교사들과 정기적인 독서토론(한 학기에 2회 정도)을 함께하면서 함께 읽기의 철학도 배우며, 실제적인 독서토론의 방법을 익힌다. 그리고 계절별로 열리는 '5人의 책친구'에서 함께할 언니를 구하는 동생들에게 '책언니'가 되어 주어야 하고, 인문학 독서토론카페에서 종종 카페지기(토론카페의 토론 진행)를 맡아야 하며, 3월 첫 번째 행사인 '언니

민들레 홀씨 언니들의 할 일

1. 독서토론리더 교육 참여
2. 지도 교사들과 정기적인 독서토론에 참석
3. 5人의 책친구에서 책언니 되기
4. 독서토론카페 카페지기 하기
5. 3월, 언니들의 북토크 진행

들의 북토크'에 출연해서 독서 활동의 꿀팁을 동생들에게 전수해야 하는, 막중하지만 사랑스러운 책임이 있다.

유혹의 토크, 언니들의 북토크

언니들의 북토크는 유혹의 자리다. 함께 읽기와 독서토론으로 밤잠을 설친 경험이 있느냐고, 이처럼 즐겁고 설레는 일이 없다고 후배들과 선배들을 한껏 유혹한다. '안 하면 후회할지도 몰라요!' 하며 깜찍한 협박도 해본다. 언니들의 북토크가 시작되는 3월 학교도서관에는 귀여운 유혹이 난무한다.

> "독서동아리는 친구들끼리 모여서 책을 읽고 우정도 쌓을 수 있다는 게 가장 큰 매력이에요. 1학년 때 안 했던 친구들은 정말 후회하더라고요! 관심사가 같은 친구들이 모여서 책을 읽고 독서토론을 한다는 게 쉬운 일은 아니잖아요?"

> "저는 인문학 독서토론카페를 추천해 드리고 싶어요. 저를 성장시킨 근원이라고 할 수 있어요. 저는 독서토론카페에 처음 갔던 날, 너무 설레서 밤잠을 설쳤답니다. 제가 항상 꿈꿔 왔던 모습이었거든요. 맨날 친구들하고 연예인, 남자친구 얘기만 하다가 독서토론을 해보니까 정말 센세이션했어요. 여러분도 그런 기분을 느껴봤으면 좋겠어요."

"5人의 책친구는 친구들이랑 선생님도 같이 독서토론을 하는 거잖아요. 그래서 깊이 있는 독서토론을 할 수 있어요. 우리보다 인생 경험도 많고 배움도 많으신 선생님이 더 넓게 바라보고 깊이 있는 말씀을 해주시거든요. 내가 좋아하는 선생님과 책친구로 만나는 특별한 경험을 할 수 있다는 것이 5人의 책친구만의 매력이죠."

언니들은 갖가지 유혹의 말을 동원해 독서동아리의 장점을 동생들에게 알려준다. 뿐만 아니라 독서동아리 만드는 방법을 알려주고, 각자의 특성에 맞는 독서모임을 추천해 주기도 한다. 이것을 '유혹의 토크'라고 부르고 싶다. 유혹의 토크 덕분에 수업시간의 독서교육 오리엔테이션이 한결 수월해지고 힘을 받는다. 언니들이 독서토론의 재미와 의미를 육성으로 '간증'하기 때문이다. 그것도 교사보다 훨씬 더 쉽고 생생한 말로, 자기들의 언어로 전하기 때문에 동생들은 마음이 흔들린다.

언니들의 북토크는 5일간 계속된다. 그 덕에 우리는 모둠 책상 여섯 개를 매일 도서관 뒤로 밀고 무대를 세팅하는 노동을 5일간 계속해야 하지만, 이 땀나는 노동을 사랑하게 되었다. 실제로 5일간의 북토크가 끝나기 전에 교무실에는 문의가 쇄도했다. "독서동아리 만들려면 어떻게 해야 해요?" "독서토론카페 언제 해요?"

언니들의 북토크, 어떻게 할까

먼저 선수들을 모셔야 한다. 2학년 학생들에게 '언니들을 북토크에 모심'이라는 게시글을 공지한다(242쪽 '붙임자료① 참고). 언니들의 북토크는 지난해에 열심히 활동했던 독서동아리를 여덟 개 정도 선정해 독서 활동도 안내하고, 좋은 책을 소개하기도 하는 프로그램이다. 북토크에 선정된 독서동아리는 15분 이내의 북토크 대본(246쪽 붙임자료⑤ 참고)을 만들어서 제출해야 한다. 그리고 언니들의 북토크에 참가하고 싶은 동생들의 신청도 받는다(243쪽 붙임자료③ 참고). 1학년의 경우 언니들의 북토크 1회 참가를 의무로 하되, 그 이후로는 여러 번 참여할 수 있도록 제한을 두지 않는다.

5일 동안 언니들은 일정한 주제와 권장 도서를 가지고 북토크를 진행한다. 주로 민들레 홀씨 언니들을 중심으로 출연진이 구성된다. 오른쪽의 표는 2016년에 진행한 언니들의 북토크 주제와 권장 도서를 정리한 것이다.

책 읽기에 흥미가 없던 언니들이 모인 독서동아리 '베리'의 경험담이 흥미롭고 의미 있게 다가왔다. 독서에 관심 없었던 학생들이 독서동아리를 만들고 나서 독서에 흥미를 갖게 되었다는 이야기, 책에 대해 이야기하는 것이 힘들었는데 지속적으로 만나면서 자신감을 얻게 되었다는 경험이 예사롭지 않게 들렸다. 베리 친구들은 인생의 비밀 중 하나를 발견한 이들이었다.

북토크 진행일	독서동아리 이름	북토크 분야	북토크에서 권한 책들
3. 14.	명경지수	사회과학	20년간의 수요일(윤미향) 우리는 차별에 찬성합니다(오찬호) 대한민국 치킨전(정은정)
3. 15.	솔솔솔	인문학	20년간의 수요일(윤미향) 열여덟 너의 존재감(박수현)
3. 16.	베리	그림책	꽃이 피는 아이(옌 보이토비치) 자유의 길(줄리어스 레스터) 돼지책(앤서니 브라운)
3. 17.	나이끼	상상력, 진로탐색	김선우의 사물들(김선우) 미친 발상법(김광희)
3. 18.	북메이트	고전 소설	아홉 살 인생(위기철) 구운몽(김만중) 수레바퀴 아래서(헤르만 헤세)

"처음 주제를 정할 때는 어려웠어요. 과학, 소설, 진로 등 많은 주제 사이로 고난의 연속이었어요. 그렇게 방황할 때 서현숙 선생님께서 그림책을 권해 주셨어요. 그래서 그림책이 활동 주제가 되었죠. 요일과 시간을 정확하게 정해서 만나는 것을 가장 큰 원칙으로 했어요. 그랬더니 갈수록 뭔가 잘 굴러가는 것 같은 자신감이 생겼어요. 토론은 주로 그림이 전하는 뜻이나 분위기, 숨은 의미를 일상 생활과 연결 지어 이야기했어요. 저희처럼 책에 흥미가 없거나 책을 많이 접하지 않던 친구들에게 그림책은 좋은 시작이 될 수 있는 주제라고 생각해요."

과학에 흥미가 많은 김수민 언니는 몸으로 움직이는 활동과 독서를 접목하는 비법을 전수해주기도 했다. 독서토론이나 글쓰기가 부담스럽거나 몸을 움직이는 것을 좋아하는 동생들을 유혹하기에 딱이었다.

"우리는 책을 읽고 나서 독서동아리 친구들과 직접 할 수 있는 활동을 많이 했어요. 예를 들면 건축에 관한 책을 읽고 휴대폰 어플을 다운받아 내가 살고 싶은 가상의 집을 지어보는 활동을 했죠. 또한 일상 속 과학에 대한 책을 읽고 우리가 직접 그 원리를 체험하고 동영상으로 제작해 보기도 했어요. 독서동아리는 독서토론뿐 아니라 다양한 활동을 친구들과 하며 추억을 쌓을 수 있는 곳이에요!"

도서관과 독서교육을 시작하는 3월에, 언니들의 북토크를 권하고 싶다. 열심히 활동했던 언니들에게는 자긍심을 심어주고 먼저 활동하며 얻은 배움을 나눠주는 기회를 주고, 귀여운 동생들은 언니의 경험과 조언을 들으며 설레는 마음으로 고등학교에서의 독서활동 계획을 구상한다. 5일 내내 참석한 동생들도 많았다. 한번 와보니 재미있어서 그랬단다! 지도교사는 독서의 힘(재미와 의미)을 마음껏 자랑하고 신입생을 도서관으로 유혹할 수 있다.

〈월간 학교도서관저널〉 잡지에서 외국도서관의 북토크 사례가 실렸던 기사를 보고 언니들의 북토크를 구상하게 되었다. 처

 선생님을 위한 도움말

언니들의 북토크를 운영할 때 이런 점을 유의하면 좋다.

1. 우선 점심시간에 운영하기 때문에 북토크 시간 15분을 매정하게 지켜야 한다.
2. 민들레 홀씨 언니들을 중심으로 조직하되, 선배 학년에 미리 출연 신청을 받아서 참가 기회를 고르게 준다.
3. 분야와 권하는 책 제목을 미리 받아서 중복되지 않도록 조정한다.
4. 언니들의 북토크 대본을 미리 받아서 제한된 시간에 하고 싶은 말을 모두 전달할 수 있도록 한다.
5. 가장 중요한 팁은 동생들 입에 알사탕을 하나씩 넣어주면 분위기가 달달해진다는 것이다.

음에는 '재미있겠다! 학년 초에 독서교육으로 분위기 확 잡아야겠다!' 하는 생각으로 시작했는데 먼저 걸어 온 길을 즐겁게 걷는 방법을 알려주는 언니들과 맑은 눈빛으로 이야기를 경청하는 동생들을 보며 중요한 것을 배웠다. 학교는 사람과 사람이 만나는 공간이라는 것, 교사는 사람과 사람을 이어주고 서로 환대하는 자리를 만들어주는 역할을 해야 한다는 것 그리고 함께 읽기와 독서토론이 서로를 인정하고 사랑하는 따뜻한 공동체를 만들어준다는 것이다.

언니들의 북토크 활동 모습

민들레 언니의 독서토론 워크숍

민들레 홀씨 언니들에게 '명예의 전당'처럼 여겨지는 자리가 있다. 자신의 이름을 걸고 독서토론 워크숍을 여는 자리이다. 리더 언니는 자신이 희망하는 분야, 주제도서를 정한 후 개인 포스터를 직접 만든다. 민들레 홀씨 언니들은 서로 상의해서 같은 날, 같은 시간, 학교도서관에서 언니들의 워크숍을 연다. 처음에는 다른 일정을 잡아서 해봤는데, 도서관에서 동시에 여는 것이 더 분위기가 좋았다.

교사가 할 일은? 많지 않다. 민들레 홀씨 언니들이 원하는 주제도서를 필요한 만큼 복본으로 준비해주고, 전교생에게 공지한 후에, 학년 밴드를 이용해서 선착순으로 신청을 받는다. 그리고 언니들이 만들어 온 포스터를 크게 프린트해서 학교 곳곳에 부착하고, 예쁜 엑스배너 현수막을 설치해서 분위기를 한껏 띄워준다. 무슨 일이든 분위기를 띄워야 사람의 마음을 움직일 수 있다. 워크숍 당일에는 책대화를 더욱 재미있게 해줄 수 있는 간식을 약간 준비한다. 학교 밴드에서 이루어지는 독서토론 워크숍은 신청이 2분 만에 마감될 정도로 인기가 좋다.

워크숍 참가 신청을 한 동생들은 미리 책을 읽고 언니와 사전 모임을 간단하게 한다. 언니가 책에 대한 소개를 하고, 부담스럽지 않을 정도의 준비사항을 알려준다. 예를 들면 인상 깊은 구절, 책을 읽은 감상, 함께 이야기 나누고 싶은 주제 생각해 오기 등을 과제로 제시한다.

두둥! 워크숍 당일이 되었다. 언니들은 교무실에 와서 하소연을 한다. “너무 부담스러워요”, “떨려요”, “동생들이 너무 똑똑해 보여요” 하며 귀여운 투정을 부린다. 우리는 언니들에게 잘할 수 있을 거라며 격려해 주고, 옆에서 지켜보는 역할만 한다. 언니들은 처음에 어색함과 긴장으로 하얗게 질린 얼굴을 하고 있지만, 막상 책대화를 시작하고 나면 뭐가 그렇게 재미있고 진지한지, 모두 얼굴이 사과처럼 발그레해지고 예쁘게 상기돼 있다.

워크숍이 끝나면 소감문을 받는데 대체로 “언니와의 책대화가 너무 재미있었다” “희망하는 진로 분야가 비슷한 언니에게 많은 도움을 받았다”라는 긍정적인 반응이었다. “이 좋은 것을 왜 한 학기에 한 번만 하는지 모르겠다!”라며 아쉬움을 토로하는 학생도 있었다. 우리를 천국으로 보내주는 말이다!

우리는 민들레 홀씨를 키우고 있다. 민들레 언니들이 동생들을 책의 세계로 끌어주고, 동생들과 함께 인생의 길을 찾아 나가며 책을 읽고 독서토론을 하는 오늘이 하루에 세 끼 먹는 밥과 같이 소소한 일상이지만 사라질 수 없는 문화가 될 수 있다고 생각한다. 여기에는 재미와 의미가 있기 때문에 한번 발을 들여놓으면 빠져나갈 수 없다고 철석같이 믿는다. 민들레 홀씨 언니들이 꽃을 피우면 더 많은 홀씨를 만들어서 퍼뜨리겠지. 그리고 그 많은 민들레 홀씨가 모두 꽃을 피우고 다시, 다시……. 그래서 노란 민들레꽃이 온 세상을 융단처럼 덮는 샛노란 꿈을 꾼다. 마지막으로 독서토론리더로 활동했던 한 학생의 소감문을 통해 선생님

민들레 언니의 독서토론 워크숍

과 선배들이 학교를 떠난 뒤에도 독서토론 활동이 계속되게 할 방법을 제시하고자 한다.

인생의 새로운 길을 선물해 준 독서토론리더 활동

권나현(2018년 졸업)

고등학교 1학년을 마칠 때 즈음 서현숙, 허보영 선생님이 제게 독서토론리더가 되어보지 않겠냐고 제안하셨습니다. 자신이 없어서 처음에는 망설였지만, 배움의 자세로 합류했습니다.

처음 같이 토론하기로 한 책은 『이젠 함께 읽기다』였습니다. 누구에게도 폐가 될 수 없다는 생각에 열심히 준비했지만, 막상 토론 모임에 가서는 10분도 얘기하지 못했습니다. 그때 다짐했습니다. 한번 제대로 내 의견을 말하고, 이끌고, 완성시켜 보고 싶다고요.

저의 바람은 그날로부터 빠르게 이루어졌습니다. 독서토론리더들과 토론하면서 의견을 말할 기회가 많아졌고, 카페지기를 하면서 토론을 진행해 보고, 5人의 책친구를 하면서 완성된 토론을 선보일 수 있었습니다. 특히 '언니들의 북토크'를 준비하며 책을 고를 때부터 무대에 서기 전까지도 부담감 때문에 많이 힘들었지만, 후배들에게 제가 독서토론 활동을 하며 경험한 것들을 알려주고 싶어서 열심히 준비했습니다. 다행히 후배들은 제 보잘것없는 조언을 잘 들어주었어요. 이런 과정을 통해 많은 격려와 칭찬 그리고 자신감이라는 보상을 받았습니다.

저는 여전히 공부하듯이 책을 읽습니다. 흰 종이를 반 접어 왼쪽은 요약 정리, 오른쪽은 느낌과 질문. 시간이 부족해도 포스트잇에 제 생각과 질문을 꼭 씁니다. 토론을 잘 이끌자는 마음을 잊지 않기 위해서죠. 전처럼 말을 다 못하고 토론을 끝내지 않습니다. 저는 이제 제 생각을 충분히 말하고 다른 사람의 생각에 공감할 줄 아니까요. 이 모든 것을 할 수 있게 된 건 리더 과정을 통해 훈련된 습관 덕분입니다.

저는 언니들, 선생님, 친구들, 동생들과 토론하고, 독서토론리더로 활동하며 좋은 추억을 많이 쌓았습니다. 토론할 때는 직책이나 나이 차이를 느낄 새가 없어요. 그저 생각을 공유하기 위해 모인 자리니까요. 다른 사람들의 다양한 의견을 들으며 저의 생각이 확장되는 것을 느꼈습니다. 다른 학생들도 이런 기회를 많이 접하면 좋겠어요. 특히 저처럼 소심하고 자존감 낮은 사람들이요. 독서토론이 그들에게도 터닝포인트가 될 거라 믿습니다.

제가 토론하면서 느꼈던 모든 감정과 생각들, 감사한 마음을 잊지 않고 어른이 되어서도 독서토론 모임을 하며 더 많은 이야기를 만들어가고 싶습니다. 저를 오래 본 친구들이 하나같이 제게 전보다 훨씬 밝아지고, 자존감이 높아진 것 같다고 말합니다. 독서토론리더로 활동할 기회를 주신 선생님, 저를 가르쳐준 독서토론리더 친구들, 독서동아리 '피네' 친구들, 같이 진지하게 토론했던 독서토론워크숍 동생들 그리고 마지막으로 기회를 잡은 저 자신에게 감사합니다. 독서동아리에 참여한 경험과 독서토론리더로 활동한 경험이 앞으로의 삶에 작은 꽃길을 만들어 주리라 생각합니다.

붙임자료① 언니들의 북토크 안내문

언니들을 북토크(BOOK TALK)에 모심~

선배가 후배에게 좋은 책을 권하고, 북토크를 매개로 선배와 후배가 만나서 나누고(나눔), 소통하고(소통), 공감하는(공감) 자리를 만들려고 합니다.

지난해에 열심히 활동했던 독서동아리를 8개 정도 선정하려고 합니다.
북토크는 점심시간에 도서관에서 운영하며, 15분 이내로 합니다.
1학년은 북토크 계획서를 보고 신청 명단을 제출한 후, 해당 요일에 도서관에 와서 참여합니다.

1. 일시 : 2016. 3. 14. ~ 3. 23 점심시간 12:20 ~ 12:35(15분 진행)
2. 장소 : 학교도서관
3. 북토크 진행자 예정 인원 : 8개 동아리(총 35명)
4. 북토크 청중 예정 인원 : 매회 50명 × 8회 = 400명(중복 참여 가능)

<북토크에 출연하고 싶은 언니들 보세요!>

1. 북토크 진행자 선정
   가. 2015년 우수 활동 독서동아리 8개 팀을 선정함.
   나. 북토크의 내용은 세 권의 좋은 책을 권하고, 독서활동 참여 동기 유발 및 안내·독서동아리 활동 안내
   다. 해당 독서동아리는 15분 이내 분량의 북토크 대본을 제출함
2. 대본 제출일 : 2015년 3월 8일
3. 북토크 출연 독서동아리 및 분야 신청

독서동아리 이름	독서동아리원 이름	북토크 분야 및 주요 내용

붙임자료② 언니들의 북토크 출연 신청서

독서동아리 이름 (또는 팀 이름)	봄날의 독서
독서동아리원 이름 (또는 팀 원 이름)	1102권희지, 1406김아름, 1518안예원, 1530정선아
북토크에서 이야기하고 싶은 분야	우리 학교의 독서활동 소개
북토크에서 이야기하고 싶은 내용	1) ~가 뭐예요? (프로그램 소개) 2) 작년에는 이런 활동을 했어요 3) ~는 이런 점이 좋아요 4) 어떻게 참여하나요? 5) 이런 친구에게 추천합니다
북토크 순서	1) 권희지 - 인문학 독서토론카페 소개 2) 정선아 - 5人의 책친구 3) 김아름 - 심화 독서토론반 4) 안예원 - 낭독의 밤
권하는 책 2권	모리와 함께한 화요일(미치 앨봄)
	83일(NHK 도카이무라 임계사고 취재반, 이와모토 히로시)

붙임자료③ 동생들의 북토크 참가 신청서

북토크 진행일	독서동아리 이름	북토크 언니들	북토크 분야	신청자 이름(학번)
3. 23.	봄날의 독서	권희지, 정선아, 김아름, 안예원	우리 학교 독서활동 소개	

제2회 독서토론리더 ○○○ 언니의 독서토론 워크숍

- 언니와 독서토론 하면서 인생의 길을 찾아보아요~~

2016년 12월 20일(화) 오후 4시 반에 학교도서관에서 만나요!

1. 임다영 언니의 독서토론 워크숍

* 주제 - 문화, 음악, 공연예술
* 주제도서 - 『공연예술의 꽃 뮤지컬 A to Z』
* 이런 동생들 오세요!

  공연예술에 관심이 많은 사람

  음악(뮤지컬)과 문화에 관심이 많은 사람

  언니와 유쾌하고 진솔한 대화를 나누고 싶은 사람

2. 박수정 언니의 독서토론 워크숍

* 주제 - 인생, 주체적인 삶, 인간다운 삶
* 주제도서 - 『생각해 봤어? 인간답게 산다는 것』
* 이런 동생들 오세요!

  수다 떨기 좋아하는 동생

  인간다운 삶에 대해 생각해 보고 싶은 동생

  사회와 나의 관계를 생각해 보고 싶은 동생

3. 강현지 언니의 독서토론 워크숍

* 주제 - 외모지상주의, 아름다움, 행복, 삶
* 주제도서 - 『왜 10대는 외모에 열광할까』
* 이런 동생들 오세요!

  행복한 삶을 살고 싶은 동생

  더 좋은 사회를 꿈꾸는 동생

  진정한 아름다움에 대해서 생각해 보고 싶은 동생

  Cool한 언니와 이야기하고 싶다면 오십쇼~!

4. **김소연 언니의 독서토론 워크숍**

＊주제 - 과학, 지구, 환경, 기후

＊주제도서 -『오늘의 지구를 말씀드리겠습니다』

＊이런 동생들 오세요!

지구의 기후에 관심 있는 친구!

대기 또는 천문 우주를 좋아하는 친구!

언니와 재미있고 알찬 이야기를 나누고 싶은 친구!

5. **김수민 언니의 독서토론 워크숍**

＊주제 - 과학, 생명, 산림, 환경, 숲, 나무, 자연 관찰

＊주제도서 -『관찰한다는 것』

＊이런 동생들 오세요!

평소 자연이 아름답다고 느끼는 친구들

환경, 생명 쪽에 관심이 많은 사람

책대화하면서 즐거움을 느끼고 싶은 사람!

6. **권나현 언니의 독서토론 워크숍**

＊주제 - 5·18 광주 민주화, 민주주의, 자유로운 삶, 행복

＊주제도서 -『소년이 온다』

＊이런 친구들 좋아요!

재미있게 대화하면서 토론하고 싶은 친구들

사회와 인간의 행복에 대해 같이 토론해 보고 친구들

후회 없는 청춘을 배우고 토론하고 싶은 친구들

붙임자료⑤ 언니들의 북토크 대본 예시

1. 시작 멘트

희지 이미 알고 있는지 모르겠지만, 우리 학교에는 다양한 독서 행사가 있어요. 우리는 그 독서 행사들을 소개하고 추천하기 위해 이 자리에 나왔습니다. 이제까지 책과 친하지 않았더라도 독서 행사에 참여하는 건 쉽답니다. 이런 행사에 참여하는 것부터 시작해서 차근차근 접근해 보는 게 좋을 것 같아요. 또 주제도서가 자신의 진로나 관심 분야에 해당한다면 도움을 얻을 수 있어요. 예를 들어 5人의 책친구는 주제도서를 선택할 수 있고 휴먼 라이브러리나 다른 독서 행사들도 다양한 주제를 가지고 있어 누구에게나 도움이 될 것 같아요. 지금부터 우리가 하는 말을 잘 듣고 자신에게 맞는 독서 행사에 참여할 수 있었으면 좋겠어요.

2. 5人의 책친구 소개

선아 제가 소개할 행사는 바로 '5人의 책친구'입니다. 아마 이름만 들으면 무슨 행사인지 잘 감이 오지 않으실 텐데요. 5人의 책친구는 인문, 사회, 과학, 예술 등의 분야별로 선정된 주제도서를 가지고 네 명의 친구들과, 선생님 또는 선배와 토론하고 결과물을 제출하는 활동입니다.

5人의 책친구의 가장 큰 특징은 자율성입니다. 다른 행사들과 달리 5人의 책친구는 여러분이 원하는 도서를 선정할 수 있습니다. 뿐만 아니라 여러분이 같이 책을 읽고 싶은 친구들을 직접 모으고, 함께 이야기 나누고 싶던 선생님, 선배님과 함께 신청서를 작성합니다. 그리고 일정한 시간과 장소가 정해져 있는 행사들과 달리 5人의 책친구는 쉬는 시간, 점심시간을 이용하여 북카페나 도서관에서 만날 수도 있고, 분위기가 좋은 카페에서 친구들과 책

대화를 나눌 수 있습니다.

저는 항상 독서 행사에 참여하면서 많은 것을 배우고 다양한 내용으로 책 대화를 나누었지만, 늘 정해진 시간 탓에 아쉽게 행사를 마무리했던 적이 많았습니다. 이러한 저의 갈증을 해소하여 준 것이 바로 이 '5人의 책친구' 활동입니다.

여러분이 책에서 인상 깊었던 부분을 친구들과 나누고, 토론하고 싶은 내용에 대해 무엇이든 토론할 수 있답니다. 책을 읽고 함께 다양한 활동을 할 수 있겠죠. 저는 『청춘에게 딴짓을 권하다』를 함께 읽고 저의 버킷리스트를 작성해 봤고, 『83일』을 읽고 책 속 인물에게 편지를 쓰기도 했어요.

3. 인문학 독서토론카페

희지 저는 인문학 독서토론카페를 소개할게요. 인문학 독서토론카페는 말 그대로 인문학 도서를 읽고 친구들과 함께 책과 관련된 주제로 토론하는 곳이에요. 각 테이블마다 카페지기가 있어서 처음 독서토론을 접하는 친구들도 따라갈 수 있도록 도와주기 때문에 어렵게만 생각하지 않았으면 좋겠어요.

작년에 저희는 총 4번의 카페 활동을 했고 올해도 아마 그렇게 될 것 같아요. 작년에 했던 활동을 몇 가지 소개하자면, 『왜 우리는 대학에 가는가』를 읽고 제1회 카페를 열었어요. 입시와 관련해 고민이 많아진 친구들의 이야기를 들으며 나의 생각을 정리하고 목표를 다지는 계기가 되었어요. 또한, 그곳에서 처음 만난 친구들과 원래 알던 친구들에 대해서도 새롭게 알게 된 점이 많아요. '아, 얘는 이런 생각을 가지고 있구나' 또 '얘는 나와 생각이 다르구나.'

2회부터는 저자와 함께하는 독서토론카페를 열어 책과 관련된 우리의 질문에 저자 선생님께서 답변 강의를 하는 형식으로 진행됐어요. 10대와 20대 고통받는 청춘의 인생을 논하기도 하고, 여성 인권의 신장과 진정한 사랑, 사람답게 사는 법 등 다양하고 심도 있는 주제에 대해 생각해 보기도 했죠. 참고로 언제나 맛있는 간식과 함께합니다:)♡

그리고 저자 선생님의 강의를 직접 들을 때는 더 알고 싶은 점 등을 질문하면서 책에 대한 이해도도 높이고 질문하는 방법이나 주체적으로 생각하는 방법 등을 배운 것 같아요.

자매품으로 '홍천군 연합 독서토론파티'라는 것도 있는데, 이건 토요일에 우리 학교에서 열리는 파티예요. 활동 내용은 비슷하지만 우리 학교 학생들뿐만 아니라 홍천군 내 다양한 학교 학생들이 참여한답니다. 그래서 우리 또래 친구들의 의견을 다양하게 들어볼 수 있는 좋은 기회입니다.

4. 낭독의 밤

예원 안녕하세요? 저는 '낭독이 있는 저녁'이라는 행사를 소개할 거예요. 이 행사는 1년에 단 한 번! 낭독이 있는 저녁에 다 같이 모여 좋아하는 책 구절을 다른 사람 앞에서 낭독하는 행사입니다. 신청 방법은 간단한데, 낭독이 있는 저녁의 지정 도서를 읽고 내가 낭독하고 싶은 구절을 신청서에 작성해서 학교도서관에 제출하면 돼요.

작년에는 『모리와 함께한 화요일』을 낭독했는데 어두운 저녁에 분위기 있는 촛불과 친구들의 낭독하는 목소리가 너무 인상적이었어요. 이 책은 제가 5人의 책친구와 '낭독이 있는 저녁' 행사를 통해 만난 책인데, 제 인생책이 되었어요. '미치'라는 제자와 모리 교수님의 마음 따뜻한 관계가 읽는 이로 하여금 많은 생각이 들게 하는 책이에요. 이 책을 읽고 스승과 제자 사이의 관계는 단순히 지식을 주고받는 관계가 아니라 마음을 나눌 수 있는 관계였으면 좋겠다고 생각했거든요. 그리고 모리 교수님은 시한부 인생을 사시면서 죽음을 앞두고 있는데도 전혀 두려워하지 않고, 남은 인생을 의미 있게 보내려고 노력하십니다. 이런 모리 교수님의 삶을 통해 삶과 죽음의 의미 또한 생각해 볼 수 있었어요. 나에게 소중한 사람이 누구이고, 하루하루를 어떻게 살아야 하는지 고민인 친구들은 한번 읽어 보세요.

작년에 이렇게 좋은 책으로 낭독을 함께 했으니 그 낭독이 있는 저녁이 얼마나 좋았을지 짐작이 되시나요? 우선 저는 혼자 읽을 때보다 더 생생하게 다가오고 다른 사람의 목소리로 책의 구절을 들으니 색다르고 더 재밌었어요. 덕분에 힐링이 되는 느낌이었어요. 이런 뜻깊은 경험을 하고 싶은 친구들은 꼭 낭독이 있는 저녁에서 만나요.

심화 독서토론반

아름 안녕하세요. 저는 심화독서토론반에 대해 설명해드리겠습니다. '나는 취미가 독서다!'까진 아니어도 평소 독서에 관심과 흥미가 있는 친구들이라면 특히 잘 들어주길 바랄게요.

앞에서 언니들이 독서토론에 대해 충분히 설명해준 것 같은데, 말 그대로 이 심화 독서토론반에서는 기존의 독서토론보다 조금 더 수준 높은 독서와 토론을 한다고 할 수 있어요. 하지만 여기서 끝이 아니랍니다! 책을 읽은 뒤 저자와의 만남을 가지기도 하고, 책과 관련된 곳으로 체험활동을 떠나기도 해요. 작년에 했던 활동 중 간단하게 몇 가지를 얘기해볼까요?

우리 심화 독서토론반에서는 한 학기 동안 '아름다운 세상을 그리다'를 주제로 독서를 했습니다. 먼저 『다산의 아버님께』(안소영)라는 정약용 선생님에 관련된 책을 읽은 뒤, 정약용 생가에 다녀왔어요. 그곳에서 작가님을 직접 뵙고 정약용의 삶에 대한 좋은 말씀도 듣고 왔어요. 작가님께 묻고 싶었던 것들을 물어보고 답변을 들으며 소통할 수 있었답니다. 아주 뜻깊은 경험이었어요.

그리고 『비숲』(김산하)이라는 책도 읽었는데요. 이 책은 긴팔원숭이를 사랑하는 박사가 2년 동안 밀림에서 겪은 이야기를 담은 책이에요. 저는 특히 이때 했던 활동들이 기억에 많이 남는데요. 책에서 인상 깊은 구절들을 골라 자신만의 책갈피를 만드는 활동도 했고, 작가님 강연을 함께하며 긴팔원숭이 성대모사도 들었답니다! 이밖에 다양한 활동을 했는데 다 이야기해주지 못해 아쉬울 정도예요.

독서 후에 토론을 한다는 것 자체에도 굉장한 의미가 있지요. 하지만 단지 토론에서만 끝나는 것이 아니라 책과 관련된 장소에 가서 책의 내용을 다시 짚어보는 것도 큰 도움이 될 거라고 생각해요.

아는 만큼 보인다고들 하잖아요! 더 많이 알고 싶고, 더 많이 보고 싶은 친구들에게 심화 독서토론반을 추천합니다.

마무리 멘트

희지 오늘 이 시간이 여러분에게 도움이 됐으면 좋겠어요. 독서토론리더 언니가 여덟아홉 명 정도 있는데 그 언니들이 거의 모든 독서 행사에서 기다리고 있을 거예요. 나중에 오늘 소개한 독서 행사에서 여러분을 볼 수 있었으면 좋겠습니다! 지금까지 '봄날의 독서'였습니다!

함께 읽기,
학교를 바꾸다

3년 동안의 함께 읽기는 학생들에게 어떤 영향을 끼쳤을까? 고등학교에 입학한 아이들이 졸업할 때까지 일관성 있게 지속한 교육이 아이들의 몸과 영혼에 어떻게 아로새겨져 있을지 궁금했다. 2016~2017년 4학기 동안 독서토론 수업, 독서동아리 등 다양한 '함께 읽기'와 독서토론 활동에 참여한 3학년 7학급 215명을 대상으로 설문조사를 했다.

79.2퍼센트의 학생들은 고등학교에 입학해서 중학교 때보다 책을 많이 읽었다고 했다. 우리가 궁금한 것은 '많이 읽었는가'보다 '얼마나 즐기게 되었는가'인데, 다행히 65.6퍼센트의 학생들이 중학교 때보다 책을 더 좋아하게 되었다고 답했다(표1 참고). 아이들은 대체로 고등학교에 와서 독서토론을 처음으로 해봤다고 하며, 설문에 참여한 학생의 65퍼센트가 독서토론을 좋아하게 되었다고 한다(표2 참고). 특히 혼자 읽고 개인적인 독서 기록을 남기

는 것보다 함께 읽고 독서토론 하는 것을 더 좋아한다고 밝힌 아이들이 80.3퍼센트나 되었다(표3 참고).

또한 94.9퍼센트의 아이들은 고등학교에 입학한 이후 독서동아리 활동을 한 적이 있다. 이 아이들이 독서동아리 활동에 대해 어떻게 생각하는지 궁금했다. 독서동아리를 해본 학생들 중 84.4퍼센트는 독서동아리 활동이 즐겁고, 67.2퍼센트의 학생들은 독서동아리 활동을 하면서 친구들에게 지지받고 사랑받는다는 느낌을 받았으며, 81.2퍼센트의 학생들은 독서동아리 활동이 진로 탐색과 설계에 도움이 된다고 답했다.

독서토론 활동의 효과와 만족도에 대해서도 물었다. 독서토론 활동이 친구와 친해지는 데 도움이 되는지, 독서토론 활동이 즐

표1. 나는 고등학교에 입학해서 중학교 때보다 책을 좋아하게 되었다.

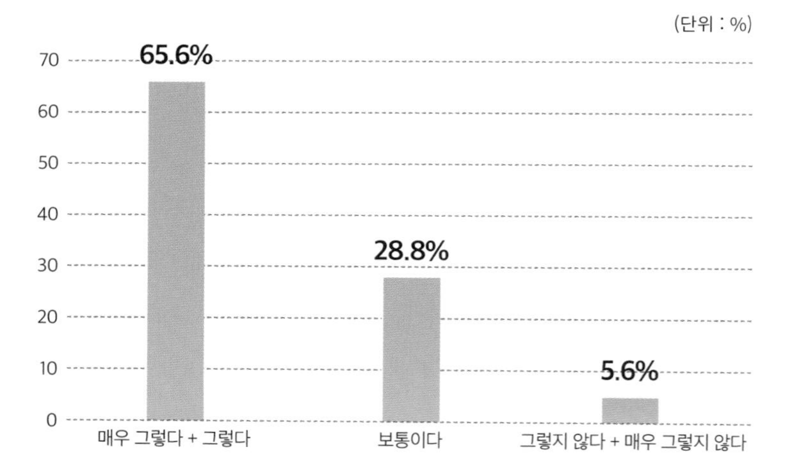

표2. 나는 고등학교에 입학한 후에
독서토론을 좋아하게 되었다.

(단위 : %)

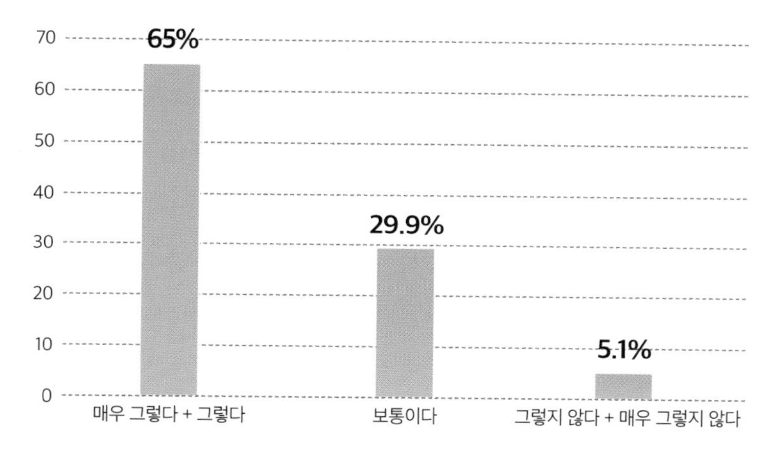

표3. 나는 함께 읽고 독서토론하는 것보다,
혼자 읽고 개인적인 독서 기록을 남기는 것을 더 좋한다.

(단위 : %)

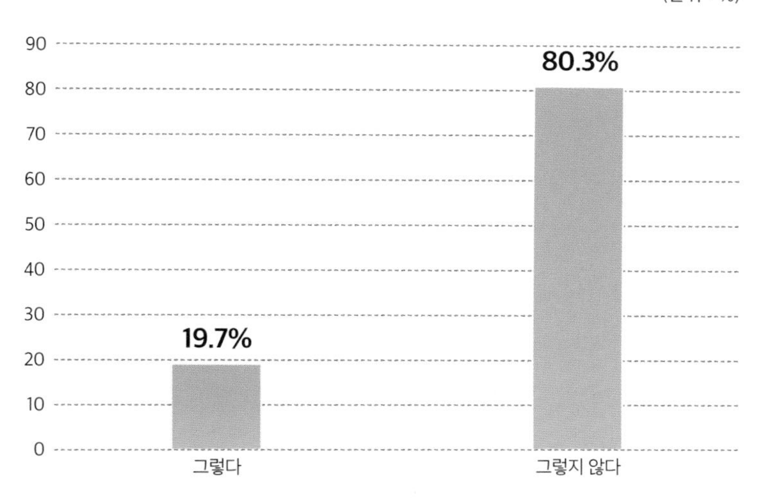

거운지, 독서토론 활동은 학습에 도움이 되는지, 독서토론 활동은 진로 탐색과 설계에 도움이 되는지 묻는 항목에 학생들 대부분이 긍정적으로 응답했다.

어른이 되어서도 독서모임을 하고 싶은가에 대해서도 물었다. 평생 독자의 개념을 넘어 평생 독서토론 활동을 이어나가고 싶은지가 궁금했다. 74.8퍼센트의 아이들은 어른이 되어서도 독서모임을 하고 싶다고 답했다. 우리는 74.8이라는 숫자 앞에서 가슴이 먹먹했다. 이 아이들이 어른이 되어서도 주위 사람들과 함께 읽고 공감하며 자신을 잘 돌보고 살겠구나, 따뜻한 사회를 만드는 주인으로 살겠구나, 하는 마음에 코끝이 시큰했다.

지속적인 비경쟁 독서토론의 힘

물론 아이들은 책을 읽으면서 많이 배우고 성장했을 것이다. 하지만 함께 읽는 비경쟁 독서토론의 과정에서 정말 상상하기 어려울 정도의 변화가 요동치며 일어났음을 알 수 있다. 간단히 말하자면, 3년 동안 함께 읽고 비경쟁 독서토론을 했더니 꾸준히 책을 읽게 되었고, 친구와 친해졌고, 즐거웠으며, 공부에 도움이 되었고, 진로 탐색에 도움이 되었다는 것이다. 이것이 공교육에서 궁극적으로 이루고 싶은 일 아닌가!

우리는 학교라는 공동체에서 3년 동안 비경쟁 독서토론을 전면적이고 지속적으로 진행했다. 전면적이고 지속적인 독서토론이란 대부분의 학생들이 수업, 동아리, 독서행사 및 프로그램에서 독서토론을 했음을 의미한다. 학교 밖에서 희망하는 학생들만 모여 독서토론을 하는 것과 학교 안에서 하는 것은 매우 다르다. 학교는 학급-학년-학교라는 체계 속에 친구와 친구, 선배와 후배, 교사와 학생의 관계가 촘촘하게 형성되어 있다. 더군다나 하루에 일정한 시간을 함께 생활하고 함께 공부하는 공동체다. 우리가 앞서 진행했던 설문조사 결과는 3년 동안 거의 모든 학생들이 함께 읽고 독서토론을 했을 때 독해력과 표현력, 사고력의 신장을 뛰어넘는 일이 있음을 보여준다. 지속적인 비경쟁 독서토론이 아이들의 정서, 교우 관계, 학습, 진로 찾기에 매우 긍정적인 영향을 미친다는 것을 알 수 있다. 그래서 우리는 한 번 더 학교 현장에서 3년 이상 전면적인 비경쟁 독서토론을 실천해 보고 싶다. 그랬을 때 학교의 일상과 문화에 어떤 일이 생길지 몹시 궁금하다.

나의 말을 선물한 독서토론

3년 동안 함께 읽기의 울타리에서 공부하고 놀았던 학생들과 인터뷰를 했다. 먼저 비경쟁 독서토론이 나에게 어떤 의미이고 자신에게 어떤 변화를 가져왔는지 물었다. 많은 아이들은 자기의 생각을 더 잘 표현하게 되었다고 공통적으로 말했다.

비경쟁 독서토론은 아이들에게 '나의 말'을 선물했다. 정신의 날을 세워야 하고 모든 말이 평가받는 긴장감에서 자유로울 수 없는 말하기 대신, 비경쟁 독서토론은 나의 생각을 자유롭게 말할 수 있고 서로 생각을 보완해주는, 그래서 시간과 공간을 가리지 않고 토론할 수 있는 자유를 선물로 주었다고 한다.

"고등학교에 와서 많은 책을 읽고, 저자 선생님들을 만나고, 독서토론을 하면서 생각하는 힘뿐만 아니라 나의 의견을 전달하는 힘을 기를 수 있었어요. 마치 아기가 처음 의사표현을 하듯이 사회에 대한 나의 생각을 밖으로 표현할 수 있었어요. 서서히 변화했기 때문에 당시에는 알아차리지 못했지만 지금 되짚어 보면 남의 생각에 의존하는 것이 아니라 내 생각을 말할 수 있게 된 게 엄청난 변화였다고 생각합니다."(안채영, 2019년 졸업생)

"다양한 의견을 듣다 보니 다른 사람의 의견을 존중하는 법도 자연스레 배울 수 있었어요. 사실 남을 존중하는 것이 당연하다고 생각하면서도 막상 생활하다 보면 어느 순간 나의 의견을 고집하곤 했었는데 그런 습관을 고칠 수 있었어요. 굳이 상대방을 설득하지 않고도 나의 생각을 존중받을 수 있는 것이 비경쟁 독서토론의 장점이라고 생각해요."(박보경, 2019년 졸업생)

"쉴 틈 없이 바뀌어 가는 세상에 살고 있는 사람들이라면 누구나 함께 읽기와 비경쟁 독서토론을 하면 좋겠다고 생각해요. 다양한 의견들을 접하고 그것들을 존중하며 건강한 생각을 발전시켜 나간다면 나와 '다른' 사람에 대한 혐오가 가득한 이 사회를 조금이나마 바꿀 수 있지 않을까요."(권희지, 2019년 졸업생)

토론은 누구나 할 수 있는 것이라고 말하는 아이들. 아이들은 토론이 자신에게 미친 영향도 크지만, 세상 사람들에게도 필요한 것이라고 말한다. 우리 사회를 건강하게 만들 수 있는 비법이라 말하는 아이들의 대답에 고개를 끄덕이지 않을 수 없었다.

아이들은 비경쟁 독서토론이 친구들의 일상과 학교 문화에도 큰 변화를 가져왔다고 말한다. 학생 모두의 입을 열어주고, 전교생을 수다쟁이로 만들었다고도 한다.

"삭막한 고등학교 생활에 즐거움이 되었던 것 같아요. 초반에는 의무감으로 독서토론을 시작하는 친구들도 많았지만 점차 진정으로 즐기고 있다는 느낌을 받았어요. 생활기록부 특기·취미 칸에 독서토론을 쓰는 친구들도 있었고, 그것이 거짓이라고 놀리는 친구는 없었어요. 아마 모두가 그 즐거움을 알고 있었기 때문이 아닐까요? 특별하게 독서토론 행사가 없더라도, 독서토론은 습관이 되었어요. 함께 책을 읽었다면, 혹은 하나의 시를 읽었더라도 우리는 너무나도 할 이야기가 많았지요. 마치 전교생이 수다쟁이가 된 것 같았어요. 아마 이러한 모든 일들이 독서토론으로 말미암은 것이 아닐까 싶습니다."(정선아, 2019년 졸업생)

"독서토론을 하면서 생긴 습관이 아직도 친구들 사이에 따라다녀요. 친구들끼리 모여서 어떤 하나의 주제가 던져지면 바로 토론 시작인 거예요. 그래도 아무도 이상하게 생각하지 않아요. 오히려 자신의 생각을 말하고 다른 친구의 의견을 듣기 바쁘죠. 어느새 우리의 일상에 스며들었어요. 두 분 선생님이 안 계셔도 도서관은 항상 학생들로 붐비고, 독서 행사를 열었다 하면 너도 나도 참여해요. 대학에 가서도, 국어 교사라는 꿈을 이뤄도 독서토론은 언제나 계속할 것이고, 가능하다면 더 많은 이들에게 알려주고 싶네요. 제 미래를 함께 그려준 독서토론을 말이에요."(안예원, 2019년 졸업생)

2018년에 학교를 졸업한 하영이의 말에는 우리가 하고 싶은 이야기가 모두 담겨 있었다. 하영이는 다양한 생각들이 어우러지면서 새로운 생각이 만들어지는 시간을 직접 경험했다. 교사가 '독서토론 = 놀이'라고 직접 가르치지는 않았지만 하영이는 경험을 통해서 독서토론이 입시라는 무거운 짐을 벗어던지고 즐길 수 있는 놀이임을 명확하게 알고 있었다.

"독서토론은 자칫 꺼려질 수 있는 대화를 일상 속에 스며들게 해주었어요. 노동법, 소수자 인권 등과 같은 이야기들은 우리의 현실과 아주 밀접하지만 어렵고 껄끄러운 주제이기 때문에 모두 피하고 싶어 했어요. 하지만 함께 읽기와 비경쟁 독서토론을 하면서 우리 사회의 문제점을 마주 보며 이에 대해 심도 있는 이야기를 할 수 있었고 이런 대화의 필요성을 느끼게 되었습니다. 그래서 독서 활동 시간이 아닌 평범한 일상 속에서도 자유롭게 이에 대한 이야기를 나눌 수 있게 되었어요. 정확히 말하자면 이러한 대화들이 우리에게 일상이 되었습니다. 가장 중요한 깨달음은 모든 친구가 다 저마다 깊은 생각과 기발한 해결책을 갖고 있다는 것이었어요. 독서 활동은 선배와 후배, 선생님과 학생의 구분 없이 이야기를 나눌 수 있는 어찌 보면 유일한 활동이었습니다. 저는 이러한 독서 활동을 하면서 다양한 생각들이 함께 어우러지며 끊임없이 새로운 생각들이 만들어지는 과정을 즐길 수 있어 너무 행복하다는 생각을 했어요. 독서와 토론을 단지 스펙 채우기가 아닌 즐거운 놀이처럼 느껴지게 만드는 함께 읽기와 비경쟁 독서토론! 이제껏 독서와 토론을 하며 느꼈던 무거운 짐들을 벗어던지고 함께 즐기는 독서토론을 모두 경험해 봤으면 좋겠습니다."(박하영, 2018년 졸업)

함께 읽었더니 이런 일이 생겼다. 전교생이 수다쟁이가 되었고, 아무 때나 진지한 대화를 아무렇지도 않게 주고받게 되었다. 독서토론을 하면서 노는 고수들이 되었다. 이 아이들의 삶도 그러하지 않을까. 서로 다른 생각을 버무려 새로운 생각을 만들어 내고, 삶을 독서토론 하듯 놀이로 살아내게 되지 않을까.

저자 후기

홍천여고에서 보낸 3년, 그 후

이렇게 신나는 일을 계속할 수 있다면 얼마나 좋을까. 그럴 수 없는 것이 사람의 인생살이기도 하고, 공립학교 교사의 숙명이기도 하다. 우리는 2018년 2월 동시에 홍천여고를 떠나게 되었다.

2018년에는 속초 강원진로교육원 도서관에서 중학생들과 '꿈책파티'를 하며 놀았다. 꿈책파티란 진지하고 엄숙한 독서를 벗어나서, 책을 읽고 두 시간 동안 친구와 함께 이야기도 하고 여러 가지 미션 활동을 하면서 도서관 전체를 누비며 노는 프로그램이다. 참여한 아이들이 '오랜만에 책을 읽었다' '책 읽기가 즐겁다는 것을 알았다'와 같은 소감을 남길 만큼 즐거운 활동이었지만, 지속적인 관계가 없는 아이들과 일회성에 그치는 독서 활동은 묘하게 마음을 허전하게 했다. 한편 진로독서 동아리 활동을 하러 오는 고등학교 친구들, 교사들과 나눈 책 이야기, 진로독서 직무연수에 오신 선생님들과 보낸 선물 같은 시간, '창의융합, 그게 뭐라고?! -1박 2일 고교생 진로독서토론 캠프'에 온 고등학교 친구들과 융합독서토론을 하며 진지하게 이야기 나눈 시간들, 그 따뜻한 기운은 내 마음에 고스란히 남아 있다.

2019년, 소년원에서 웃음이 순진한 소년들과 국어 수업을 하고 있다. 둥글게 앉아서 돌아가며 소리 내어 책을 함께 읽다가 동시에 웃음이 터지는 순간, 동시에 마음 아파하는 순간. 그 순간이 서로의 마음을 열어주고, 마음의 거리를 좁혀준다는 것을 알게 되었다. 우리만의 비밀을 공유하는 것의 짜릿함을 배우게 되었다.

매시간 한 편씩 익히고 외운 시가 이제 열두 편이 되었다. 열두 편의 시를 연이어 외우는 부산에서 온 소년과 약속했다. 스무 편을 외운 날에 이별하기로……. 부산 소년이 살아가다가, 어느 날 남해 짙푸른 바다를 보며 우리가 외웠던 시 한 구절 읊조리게 되면 더 바랄 것이 없겠다.

_ 서현숙

2018년 2월, 나의 존재 근원이었던 한 분을 잃고 쓸쓸한 마음으로 홍천을 떠났다. 새로운 일터는 기계과, 전기과, 토목과 등 이름도 생소한 학과들, 천 명이 넘는 학생들, 어지간한 전문대학 규모의 시설에 교직원만 100명이 넘어 1년이 지나도 이름과 얼굴을 알기 어려운 곳이었다. 대한민국 극한직업 공업고등학교 교사가 된 것이다.

90퍼센트 이상이 남학생인 이곳에서 난 내가 가진 언어의 빈

곤함과 좁디좁은 마음의 품에 대해 생각했다. 교사라는 직업이 나의 적성에 맞는 것인지 끊임없이 회의한 1년이었다. 무기력한 아이들 모습이 싫어 흥미를 일으키고자 무언가를 준비해 교실에 가면 싸움이 일어났다. 공부가 조금 부족한 아이들이 많겠지만 인문계처럼 성적에 얽매이지 않으니 다양한 형태의 수업이 가능하겠지 하는 생각은 그저 착각일 뿐이었다. 함께하기도 혼자 하기도 모두 어려운 상태의 아이들이 많았다. 내가 가진 유일한 무기인 '언어'는 가장 가치 없는 취급을 받기 일쑤인 공간에서 난 이상한 나라에 버려진 앨리스가 되었다. 그저 버티는 하루가 이어지고, 교사 개인이 뭔가를 도모하기엔 너무 커다란 벽에 막힌 것 같은 기분이었다.

숨을 쉬기 위해 원주 지역 독서교육협의회에 참석하고 외부기관 강의 요청에도 기꺼이 응했다. 하지만 현실로 돌아오면 여전한 그 모습에 마음은 지옥이 되었다. 내가 있는 곳에서, 내가 매일 만나는 아이들과 즐겁지 않으면 난 행복할 수 없는 사람이라는 것을 알게 되었다. 아이들을 이해하는 데 도움을 줄 만한 책을 읽고, 화나는 마음을 가라앉히고 독이 든 말을 삼갔다. 그래도 지금은 학생 독서동아리를 조직하여 매주 수요일 점심시간에 모여 책을 읽고 간식을 나누어 먹는다. 국어수업 시간에 수행평가를 핑계로 짧은 글과 책을 읽게 하였고, 몇 줄이라도 자기 생각을 쓰게 했다. 서툴고 느렸지만, 자세히 보면 문득문득 아이들의 진심이 보인다.

올해는 교정에 가득한 봄꽃이 보인다. 어제는 1회고사 대비 퀴즈대회를 하며 교실의 모든 아이와 크게 웃기도 했다. 바뀐 건 아이들일까, 나의 마음인 걸까? 교사는 학생을 고를 수가 없다. 그러니 그저 내가 만난 아이들과의 한때를 인연이라 생각하며 뜨겁게 살아내려 한다. 학습 수준이 낮거나 학습 동기가 바닥인, 그로 인해 10년 가까이 책으로 인해 상처받은 아이들과 함께 읽기를 하려면 어떻게 해야 할까가 요즘 나의 고민이다.

_ 허보영

독서동아리 100개면 학교가 바뀐다

함께 읽고 토론한 홍천여고 3년의 기록

1판 1쇄 발행 2019년 6월 7일
1판 5쇄 발행 2022년 10월 5일

지은이 서현숙, 허보영
펴낸이 한기호
책임편집 박주희
편집 여문주, 서정원, 박혜리, 이선진
본부장 연용호
마케팅 하미영
경영지원 김윤아
디자인 토가 김선태
인쇄 예림인쇄

펴낸곳 (주)학교도서관저널
출판등록 제2009-000231호(2009년 10월 15일)
주소 121-839 서울시 마포구 동교로 12안길 14(서교동) 삼성빌딩 A동 3층
전화 02-322-9677 팩스 02-322-9678
전자우편 slj9677@gmail.com
홈페이지 www.slj.co.kr

ISBN 978-89-6915-060-8 (03370)

- 이 도서의 국립중앙도서관 출판예정도서목록(CIP)은 서지정보유통지원시스템 홈페이지(http://seoji.nl.go.kr)와 국가자료종합목록 구축시스템(http://kolis-net.nl.go.kr)에서 이용하실 수 있습니다. (CIP제어번호 : CIP2019021249)
- 책값은 뒤표지에 있습니다.